職場のトリセツ

黒川伊保子
Kurokawa Ihoko

Instruction
Handbook
for Your Workplace

はじめに

ヒトの脳には、とっさに使う神経回路がある。

それが人によって、違うのである。

転びそうになった時、とっさに右手を出す人と、左手を出す人がいる。

驚いた時、跳び上がる人と、のけぞる人がいる。

問題を抱えた時、「ことのいきさつ」を思い返して、根本原因に触れようとする人と、「今できること」に意識を集中して、問題解決を急ごうとする人がいる。

こういうバリエーションがあるから、人類は生き残ってきたのである。動物生態系の基本のキだ。

つまり、とっさに自分と違う言動を取る人は、最強のペアやチームになりうる相手。宝物なのである。

なのに、人類には、想像力という厄介なものがあって、「自分と同じようにしない人」の誠意を疑い、愚かだと思い込む癖がある。

私は、人工知能研究者として、40年近く、「人間の脳がとっさにしてしまうこと」＝感性について見つめ続けてきた。人工知能に、それを知らせるためだ。人に寄り添う人工知能は、ユーザの「とっさの脳の癖」を知っておかなければ、ユーザを不快にさせ、ときには危険でさえある。

「脳が、身を守るためにとっさにすること」はシンプルで、そんなにバリエーションはない。たいていは、大きく二つからの選択である。しかも、都度違うということがない。「複雑な機構で、バリエーションが豊富で、都度違った選択をする」のでは、とっさに身を守れないからだ。

つまり、人工知能にとって、人間は、それほど複雑な存在ではないのである。

人間関係を複雑にしているのは、人間自身だ。

自分と違う感性を認めないから、相手の言動のわけがわからず、イライラしたり、モヤモヤしたりすることになる。

この本を書くにあたって、私は、「人工知能の目」で、職場の人間関係を見直してみた。心理学と違うところは、「人間の目」「心の目」でなんか見てはいないところだ。

職場の人間関係をよくする本なんて、この世にごまんとあるだろう。しかしながら、自我のない「人工知能の目」から見たノウハウ集は、そうないと思う。

ここには、きっと目からウロコの新発見があって、「あんなにモヤモヤしていたことが、あらまスッキリ」と思っていただくページがあると自負している。

4年前から、「人工知能の目」で世の中を見るエッセイを、「コメントライナー」（時事通信社の解説コラム配信サービス）に寄稿させていただくようになった。

それをまとめて本にしようとご提案をいただき、せっかくだから、最新の「職場のトリセツ」を書き下ろして、「ビジネスパーソン必携の書」に仕上げてみたのだが、はてさて、うまくいったかどうか。

人工知能研究の立場から見た、人間の脳の仕組み、職場の人間関係、夫婦関係、世のありよう。ひとまず、お楽しみくださいませ。

第2章 ＡＩと人類の近未来

第3章 ダメな脳なんてない

第4章 男女の脳は違うのか

第5章 リーダーの条件

第1章「職場のトリセツ」は書き下ろし。
第2〜5章は「コメントライナー」連載を加筆・修正して収録した。

本文デザイン・装幀／出口 城

第1章

職場のトリセツ

なぜ、上司はわかってくれないのか。
なぜ、部下はわかろうとしないのか。
古今東西、職場にうずまく人間関係のイライラもやもや。

実は、その原因は、脳にある。
脳には、「とっさに使う神経回路」があり、
上司と部下は、違う回路を使うから。
そして、脳には、違う回路を使う相手を不快に思う癖があるのである。

原因がわかれば、対処法もある。
違いを認め合う社会――それは脳を知ることから始まる。

1
脳にはバリエーションがある

多くの人は、「脳は万能で、誰もが同じ脳を持っている」と思い込んでいる。誰でも、やればできるのだ、と。

だから、「言ったようにしない（できない）相手」を愚かで不誠実だと断じるのである。

ところが、脳には種類があるのだ。

たしかに脳は、機能の取り揃えで言えば万能である。誰もが、同じ器官で構成された脳を持っている。

しかしながら、常に万能に使えるわけじゃない。ヒトがとっさに使える神経信号の数には限りがあるからだ。何かの判断をする刹那《せつな》、脳はほんの一部しか使えない。

このとき、「どの一部」を使うかを迷うのはかなり危ない。このため、脳は、「とっさに優先して使う神経回路」をあらかじめ決めている。その「優先回路」にバリエーションがあるのである。

人類に利き手がある理由

たとえば、利き手。

脳が右半身と左半身をまったくイーブンに認知していたら、身体の真ん中に飛んでくる石を避けられない。「どっちに身体を傾けるべきか」を判断していたら間に合わないからだ。転んだ時も、「どっちの手を出すのが有利か」なんてジャッジしている暇はない。このため、脳は、どちらの手を優先的に使うか、あらかじめ決めているのである。

それが利き手だ。利き手のない人類がいたとしたら、生存可能性が著しく低いはず。転んでも手をつけず、崖から滑り落ちそうになっても、とっさに岩にしがみつけない。その証拠のように、利き手のない民族など、この地球上のどこにもいない。

人類の自家中毒

あるいは、驚いた時、跳び上がる人と、のけぞる人がいる。

驚いた次の瞬間、跳び上がる人（上体がひょんと上がる人）は前のめりに着地して、高い体勢になり、のけぞる人（上体をあおって、後ろに下がる人）は後退して低い体勢を取る。突然の攻撃を受けた時、このペアは、とっさに高低差のある前後の布陣を取れるのである。さらに二人の利き手が違えば、左右にも幅のある布陣になる。

違う者同士がペアになれば、あるいはチームを組めば最強である。社会的動物である人類の脳に、自然界がもたらした、素晴らしいシステムだ。

ヒトの「とっさの視線の走らせ方」にも、2種類ある。

危険を感じて不安を募らせたとき、「比較的広い範囲を見て、動くもの、あるいは危険なものを探す」か、「身の回りを満遍なく見て、気配さえも見逃さない」か、ヒトは、とっさに、このどちらかを使う。

もちろん、手も体勢も目線も、思考する余裕のある時はいずれも使える。高度に訓練された者なら、素早く切り替えるので、優先側がないように見えるかもしれないが、「最初に選ぶ側」はいつも一緒のはずだ。

ちなみに、荒野に出て狩りをしながら進化してきた男性の脳には、「遠くの動くもの（危険なもの）に瞬時に照準が合う」派、子育てをしながら進化してきた女性の脳には、「近くを満遍なく」派が圧倒的に多い。

大切なものに危険が及んだとき、男は、外敵に瞬時に意識を集中し、女性は大切なものからひとときも意識をそらさずに守り抜く。そうやって、人類のつがいは、命を守ってきたのである。

ところが、とっさに違う行動を取る相手を、人は不快に思う。

相手の意図を探るからだ。「自分ならばこうする」のに、そうしない相手を愚かで薄情だと感じてしまう。あるいは、「やればできる」のに、「やる気がない」からできないのだと思い込んでしまうのである。

とっさの優先回路にバリエーションがあることは、人類繁栄のための素晴らしいシステムなのにもかかわらず、自分と違う相手にイラつく。私はそれを、「人類の自家中毒」と呼んでいる。自家中毒とは、自らを守るための生体システムが、自分自身の健康を損ねてしまうこと。

この本で提案したいのは、「脳には種類がある」ことを知って、「とっさに違う言動を取る相手」を祝福しようということ。

特に、コミュニケーションに使われる回路は、たった2種類しかない。この世のコミュニケーション・ストレスなんて、その2種類がすれ違っているだけなのである。

最強のペア

問題が起こったとき、「ことのいきさつ」を反芻して根本原因を探ろうとする人と、「今できること」に集中する人がいる。

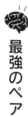

こう書くと、「どちらもチームに必要不可欠」「二人がペアなら最強だ」と、誰でも思うに違いない。

ところが、現実にそうだと、二人はけっこういがみ合うことになる。なぜなら、対話のスタイルが違い、足並みが揃わないから。相手が愚かに（あるいはひどい人に）見えて仕方ないのだ。

実は、世界中のほとんどの夫婦が、「とっさに逆の言動を取るペア」なのである。

ことが起こったとき、夫婦はたいてい、イラつき合っていないだろうか?

最強のペアが、ときに最高に腹立たしい相手になる、という証明が、世界中に転がっている（微笑）。

2

この世の「問題解決」には2種類ある

この世には、とっさに、「ことのいきさつ（プロセス）を反芻して、根本原因に触れようとする脳」がある。

あえて、「探る」ではなく「触れる」を使った理由は、本人の感覚はまさにそれだからだ。意図的に「ああかな、こうかな」と探っているのではなく、感情の赴くままに記憶を手繰《たぐ》っていくうちに触れるのである。そして事実それが、たいていは問題の核心なのだ。

意図すなわち大脳の思考処理では見つけられない、直感の領域にある真理である。

「ことのいきさつ」派が受ける誤解

感情の赴くままに、記憶を手繰る。

つまり、この脳の持ち主は、感情が揺れるのに任せて、ことのいきさつをつらつらとしゃべるわけ。「あの人にこう言ったらこう言われて、こんなことがあって、あんなことがあって、やっぱりひどすぎる」というように。脳の中で、記憶を再体験し、そこに潜むヒントに触れようとしているのだ。

で、いきなり、「そういえば、あの一言で、あの人の態度が変わったけど……あれが、原因？　そんなところにコンプレックスがあったのね。だとしたら、私も無神経だったわ」のように、一気に問題の核心に触れるのである。

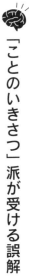

当然、極上の「脳の問題解決機能」なのだが、会話だけを聞いていると、問題解決に向かっているようには見えない。これが、悲しい誤解を生む。

「今できることに集中する脳」からすれば、問題解決しようとする意志が見えない（問題を混ぜくり返しているだけ)、感情的すぎる、愚かだと感じてしまう。

一方で、「ことのいきさつ」派は、仕事の流れをつかむのも、他者の気持ちをくむのもうまいので、「勘が働く」「呑み込みが早い」「仕事に抜けがない」「人当たりがいい」「想像力が豊か」など、日ごろはプラスの評価も多く受けている。

このため、「あの子はとても優秀なんだけど、問題が起こったときに感情的になって、こっちの話をわかろうともしない」という総体評価になりやすい。

ほら、そう言われている女性社員が周りにもいるのでは？

職業人の年齢層だと、「ことのいきさつ」派は女性に圧倒的に多く、「今できること」派は男性に圧倒的に多いので、どうしても、デキる女性職業人の評価が、おおむねそうなってしまうのである。


「感情的になって、こっちの話をわかろうともしない」という点だけ、誤解である。共感して、ねぎらいながら話を聞いてやれば、「核心を突く答え」を出して、ホームランを打てるのに。たとえ答えが見つからなくても、「感情の揺れと記憶の再生」を一回りすれば、「今できること」に集中するモードに切り替わるのに。

しかしながら、同じ局面で、いきなり「今できること」に集中したほうは、それを待てない。さて、どっちが悪いのだろうか。

もちろん、どちらも悪くない
「今できること」派にとって「ことのいきさつ」派は、自分の言動にブレーキをかける厄介な存在。「ことのいきさつ」派を、黙らせようとするのは、自分の脳を最大限に有効に使うための当然の選択である。

どちらも悪くない。しかし、何も知らずに、自分の脳の赴くままに振る舞えば、確実に2者間にストレスが生じてしまうのである。だから、今のままでいいというわけじゃない。

まずは、この世の問題解決には、「ことのいきさつ」と「今できること」の2方向があって、それに伴う対話方式が違うと知ること。新しいコミュニケーションの夜明けは、そこから始まる。

「脳の使い方」には性差がある

先ほど、職業人の年齢層だと、「ことのいきさつ」派は女性に圧倒的に多く、「今できること」派は男性に圧倒的に多いと述べた。実は、12歳までの男女と、50代半ば以降の男女では、こんなにはっきりとは分かれない。定年夫婦には、「ことのいきさつ」を語りたがる夫に「今できること」でバシッと返す妻という組み合わせも少なくない。

年齢で傾向が出る理由は、この脳の選択が「生殖と生存」のためになされるからだ。生殖が可能な年代の男女ほど、性差は強く出る。子育て中の夫婦は、その最たるペアである。

男性脳は「狩人の末裔《まつえい》」である

男性の脳は、何万年も、狩りや縄張り争いをしながら進化してきた。荒野に出て危険な目に遭いながら、仲間と命を守り合い、確実に成果を挙げて帰ってこられる男性だけが、子孫の数を増やしてこられたのである。当然、ことが起これば、「今できること」に反射的に集中する脳が、数多く生き残ってきたのに違いない。

また、男性全般に、敵味方や勝ち負けがはっきりすることを好み、ゴール（成果）を目指すことに本能的な快感を覚える傾向が強いはずである。そういう個体が、狩りや縄張り争いの現場で、生き残りやすいからだ。

さらに、危険察知能力も高くなければ、生き残れない。ということは、「想定外」「不測の事態」に対する脳の反応が強く、かなりストレスが高いはず。

というわけで、男性脳は「定番」や「規則」を愛し、ルールや序列を順守する仲間を信頼する。直感が働き、臨機応変に動ける人間を、「会社に必要だ」と言いながら、好ましく思うことはできない。

勘と臨機応変が売りの女性脳からしたら、言いたいことが山ほどあるだろうけれど、組織を動かすためには、この感性が不可欠なのである。

それを知ってから私は、頭の固い男性管理職を、本当に愛しいと思うようになった。大きな屋根をこうして誰かが支えてくれるから、その下で、私は自由に走り回れるのだ、と。

行きつけの床屋や飲み屋に何十年も通い、実態に合わない規則もかたくなに順守し、成果にこだわるおじさまたちの正体は、「狩りと縄張り争いに勝ち抜いてきた精鋭男子の末裔」であることの証明なのである。


男性たちのこういう脳の傾向は、脳そのものにも内在されているし、男性ホルモンのアシストも受けている。

男性ホルモン＝テストステロンが、闘争心や縄張り意識、独占欲を掻き立てるのである。「根拠のない、明るい自信」を生み出し、冒険心も創り出す。


男女の脳は同じ、と言う人がいるけれど、同じであるはずがない。

狩りと子育てでは、「とっさに使う神経回路」が、同じでいいわけがないもの。

女性脳は「おしゃべり」で子どもを守ってきた

女性脳は、何万年も、女同士のコミュニティの中で、子育てをしながら進化してきた。ここでは、共感力が高い女性こそが生き残れる。心を寄せ合って、おっぱいを融通し合ったり、子どもの変化に気づき、臨機応変に動けたりする女性が。

子育ての現場では、「とりとめのないおしゃべり」が何より重要なのだ。

女性は、自分に起こった出来事を仲間に話さずにはいられない。「子どもが危険な目に遭って、それを回避した経験」なんて、黙ってはいられない。なぜならば、脳が、その記憶を再体験したがっているから。二度と同じ状況に自分と子どもが陥ることがないよう、脳を書き換えるために。

その体験を聞かされた側は、自分が危険な目に遭ったわけでもないのに、同じ知見が身に付く。

こうして、語ったほうも、聞いたほうも、子育て力が進化していくのである。

つまり、感情の揺れで記憶を再現しながら、とりとめもないおしゃべりができる女性こそが、子孫の数を増やしてこられたのである。当然、そういう女性の数が圧倒的に多いはずだ。

直感が働き、仕事の流れをつかむのがうまく、臨機応変で、ときに、感情の揺れに任せて「ことのいきさつ」をしゃべりだし、根本原因にたどり着く。これこそが、デキる女性脳の資質である。

しかしながら、男性脳型組織の中では、直感が「論理的でない」に、臨機応変さが「信頼できない」に、おしゃべりが「愚か」に、根本原因を追究する態度が「強情」に見えてしまう。

男性には、こういう女性の資質を理解しておいてほしいが、女性の側も、自分の「美しい素質」が、誤解されやすいことを知っておいたほうがいいと思う。

3 この世の対話には2種類ある

「ことのいきさつ」派が使う神経回路を、プロセス指向共感型と呼ぶ。とっさにプロセスに意識が行き、共感で対話を進めるからだ。

「こんなことがあって、あんなことがあって……」としゃべる人は、「そうか」「わかるよ」「たいへんだったね」あるいは「いいね」「よかったね」などの共感ワードで話を進めてもらうと、〝記憶の再体験〟がスムーズに行き、答えを得やすい。

「今できること」派が使う神経回路を、ゴール指向問題解決型と呼ぶ。とっさにゴールに意識が行き、目の前の問題を解決すべく、話を進めるからだ。

目の前の人のことばから、感情と主観を取り除き、客観的事実だけをつかもうとする。

つまり、感情の揺れに任せて記憶を語る「ことのいきさつ」派の話は、ほとんど無駄話に聞こえてしまうのである。このため、「何の話だ？」「で、結論は？」と切り返さずにはいられない。

事実確認（「いつ」「誰が」「何を」「どこで」「どのように」「なぜ」などの確認）を怠らず、結論を急ぎ、「きみもここが悪い」「こうすべきだった」などのアドバイスを素早く打ち出せる。職場会話の見本のような会話方式である。

「今できること」をすみやかに遂行するには、これ以上の会話方式はない。しかしながら、深い気づきや思いがけないアイデアにはなかなか至れない。このため、職場の脳が「今できること」派に偏ると、発想がシュリンクして、「いいアイデアが出ない」「勘が働かない」集団になってしまう。

「ことのいきさつ」派と、「今できること」派は共存すべきなのだが、いかんせん、対話の相性が悪すぎる。

互いに歩み寄るテクニックが不可欠なのである。

男女に限らず、上司と部下の間でも起こる

なお、この2者の対立は、男女に限らない。

上司と部下の会話においては、上司はゴール指向問題解決型、部下がプロセス指向共感型の回路を使っていることが多い。たとえ、上司が女性、部下が男性であってもだ。

上司がゴール指向問題解決型なのは当たり前だ。管理職の役割が、まさにそれだから。

部下がプロセス指向共感型になるのは、「先輩の背中を見て、仕事のコツを学ぼう」としているからにほかならない。

プロセス指向共感型の回路は、右脳と左脳の連携回路である。右脳（感じる領域）と左脳（顕在意識）を連携させて、目の前の人の息づかい一つ、所作一つ、ことば一つ見逃すまいとしているのである。だから、子育て中の女性はこれを駆使し、「慕っている上司」の前に立った部下も、これを使う。

このため、上司は部下の話を「要領を得ない」と感じがちだし、部下は上司を「わかっ

てくれない」と感じやすい。夫と妻の間に起こるコミュニケーション・ストレスが、ここにも生じてしまうのである。

10年ほど前までは、女性の管理職が少なく、男性上司VS女性部下が圧倒的に多かったため、これは男女問題だと思われてきたが、今や女性上司と男性部下というセットも少なくない。女性は、自分が立場によって、問題解決型になっていることも意識しておかなければならない。

思い返してほしい。部下でなくても、実家のお母さんの長い話にうんざりして、「お母さん、何の話？」「私にしてほしいことから言ってくれない？」「グズグズ言ってないで、早く医者に行けばいいのに」などと切り返してはいないだろうか。

母親は、娘に共感してもらって、今日の「もやもや」を晴らしたいのに、忙しい娘は、それがわかっていても付き合えない。あるいは、小中高生の娘の要領を得ない話にうんざりするキャリア母だっているに違いない。

女性だって、ゴール指向問題解決型＝「今できること」派に切り替わることは多々ある。

「今できること」派へのアドバイスも読み飛ばさないでほしい。

他人の話は共感で受ける

実際の対話において、相手の脳がプロセス指向共感型なのかゴール指向問題解決型なのか、いちいち判定するのは煩わしいし、わかりにくいときもある。

なので、「人の話は、共感で受ける」と決めてしまったらいい。

たとえ、「今できること」派であっても、初動が共感であることに悪い気はしないから。

◆共感型の話を、共感で受けると、次のようになる。

部下「3カ月前に、私が顧客先のA部長にこう言ったら、ああ言われて、そうしたら……」

上司「そうか。たいへんだったね。何かあったの?」

部下「実は、先ほどこんなやり取りがあって、ひどいんです」

上司「こういうこと、あるんだよな。先に確認しておけばよかったね」
部下「たしかに、私も配慮が足りなかったです。では、こうしてみます」

◆問題解決型の話を、問題解決で受けると、次のようになる。
部下「顧客との間にこんなやり取りがあって、どうしたらいいでしょうか」
上司「そもそも、きみの確認不足だよな」
部下「はい」
上司「こうしてみて」
部下「わかりました」

◆問題解決型の話を、共感で受けると、次のようになる。
部下「顧客との間にこんなやり取りがあって、どうしたらいいでしょうか」
上司「こういうこと、あるんだよな。先に確認しておけばよかったね」
部下「たしかに、そうでした」

上司「では、こうしてみて」
部下「わかりました」

◆共感型の話を、問題解決で受けると、次のようになる。

部下「3カ月前に、私が顧客先のA部長にこう言ったら、ああ言われて、そうしたら……」
上司「それって、先に確認を取るべきだったよね。で、どうなったの？」
部下「実は、先ほどこんなやり取りがあって、ひどいんです」
上司「そもそも、こっちが甘かったんだから、ひどいも何もないでしょ」
部下「でも……」
上司「こうしてみて」
部下「……はい」
上司（わかったのかな……イライラ）
部下（わかってもらえない……もやもや）

おわかりだと思う。互いにストレスを抱えるのは、最後のケースのみ。共感型の話に、いきなり問題解決で切り込むと、気持ちが着地できず、ストレスを生む。問題解決型の話を共感で受けると、相手の気持ちを慰撫して、信頼関係を深めることになる。他人の話は、相手が何型であっても、共感で受ければ間違いがない。

ネガティブな話は「わかる」で受ける

「たいへんだった」「ひどかった」「つらかった」「痛かった」などの苦労話は、基本「わかるよ」で受ける。相手のことばを反復して、「たいへんだったね」「ひどいよな」「つらかったでしょう」「そりゃ、痛いよね」と続けるのが理想的。

どうしても同意できないことなら、「そうか」「そうなんだ」と受ける。

ただし、目上の人の体験談やウンチクは、「わかる」ではなく「感心」や「賞讃」で受けたほうがいい。「そんなたいへんなことがあったんですね」「それを乗り越えるなんて、すごい」「えーっ、そうなんですか」「参考になります（勉強になります）」のように。

経験の少ない若手に「わかります。私も一緒」なんて言われると、格が違うだろう、と言いたくなってしまう。で、格の違いを知らしめるために、さらなる体験談やウンチクが加えられて、話が延々と長くなってしまうのである。

よく、「男性上司の話が長くて、困ってます」という女性が多いのだが、それは、女同士のように「わかる、わかる」系のあいづちを打ってしまうから。若い女性が「わかります～。たいへんですね」なんて言うと、「このたいへんさ、本当にわかってるのかな」と思われて、話が上乗せされてしまう。気をつけて。

ポジティブな話は「いいね」で受ける

ポジティブな話や提案は、「いいね」で受ける。

たとえ、その提案を受け入れなくても、「いいね」で受けるのである。

優秀な上司は、部下の欠点や提案の弱点に即座に気づいて、それを知らせてくれるが、共感型の部下にとって、「いきなりの否定」は冷たいからだ。

◆いきなり問題指摘に移る上司
部下「部長、こんな提案があるのですが」
上司「その資材調達どうするつもりだ？」
部下「あ〜、考えていませんでした」
上司「そこが大事だろ」

◆提案してくれた気持ちをねぎらう上司
部下「部長、こんな提案があるのですが」
上司「お、いいね。ところで、この資材調達、何かアイデアある？」
部下「あ〜、考えていませんでした」
上司「もうひと頑張りしてみて」

ゴール指向問題解決型の人は、「いいね」は、成果にしかあげられないと思っている。ゴールしていないのに「いいね」は言えない、と。

そんなことはない。「いいね」は、プロセスにだってあげられる。着眼点がいい、想像力がある、集中力がある、前向きだ、あきらめない、タイトルがいいなどなど。

人の上に立つ者は、部下の提案は「いいね」で受けると腹に決めたほうがいい。提案してくれた気持ちに感謝し、提案できるまでに育ったことを心の中で祝福する。

もちろん、「結果へのNO」は、クールに言ってかまわない。「いいねぇ、この着眼点。でも、プランには魅力がない。やり直し」でもいいくらいだ。

気持ちさえ受け止めてもらえれば、部下は頑張れる。「あの人、プロだから仕事にはほんっと厳しいんだ。けど、わかってくれてるから」と言われるボスになる。

古き良き時代の現場コミュニケーション

実のところ、いきなり問題指摘に入るスタイルを、私は嫌いじゃない。要領が悪いのか、私の人生には、いつだって時間がなく、スピーディなのは、何よりありがたかった。

それに、技術者同士だと、この率直さは部下への信頼の証しでもある。私たちが気にしているのは「自分への評価」なんかじゃなく「成果物の品質」なので、ダメ出しされたら「早めに気がつけてよかった」と思いこそすれ、「自分の努力が無にされた」なんて微塵《みじん》も思わなかった。

それともう一つ、若き日の私には、提案の「着眼点」に対する自信があったので、「いいね」なんて言われなくても、いいことはわかっていた（微笑）。男女雇用機会均等法以前の、がちがちの男性社会の中で、女性エンジニアの発想は常に斬新だったから。

さらに、叱られるのが嫌いじゃなかった。がちがちの男社会では、一番怖いのは無視されることだったから。「女の子はそこにいない」ことにされて、目も合わせてもらえない、名刺交換もしてもらえない、なんてこと、ざらにあった。開発リーダーの私が直々に説明に行ったのに、「おたくの会社は、うちをナメているのか。女なんかよこして」と、話を聞いてもらえないことさえあった。

まっすぐ私の顔を見て、「期待通りじゃなかった。何だこれは」と言ってくれる人なんて、ただただありがたいだけだったのである。

問題点をいきなり指摘し合える人間関係は、私にとっては、古き良き現場コミュニケーションである。叱ってくれた上司が今も懐かしい。

しかし、時代と共に、その感覚はなくなろうとしている。寂しいけれど、受け入れなきゃね。

私と同じ時代を生き抜いてきた同志の皆さま、「共感」というショックアブソーバー（衝撃吸収装置）なしでは、職場の会話をしてはいけない時代なのである。ヘルメットなしではバイクに乗れず、シートベルトなしでは車に乗れないように。

「理想の自分」を目標にしてはいけない

私たちの世代（昭和入社組）は、タフだった。

それには理由がある。

脳が、「自分」ではなく「組織」を目標にしていたからだ。時代がそれを要請してくれたから、「自分」にこだわらなくて済んだのである。「自分」を見なくていいのは、本当に楽な職業人生だった。

だから、それを、若い人たちにも知らせておきたい。

今の社会人教育は、「なりたい自分」を想定したキャリアデザインを推奨している。

入社5年目までの、まだ脳の個性も決まっていない若い人たちに「なりたい自分」「素敵な私」を描かせる人事教育も流行《はや》った。

私は、脳の観点から、これは危ないと警告し続けている。

「理想の自分」を脳の目標にしてしまうと、脳の世界観が「自分」でいっぱいになってしまう。

このため、自分が叱られたり挫折したりするたびに、脳の座標軸が揺らぎ、目標を見失って、脳のストレスが甚大になるのだ。「組織の成果」が脳の目標ならば、自分の挫折なんて、脳にとってちっぽけなことなのに。

若い人に、「理想の自分」を目標にさせるのは、あまりにも残酷なのである。


その昔、企業人は歯車の一つだった。成果を生み出す働きアリだったのだ。そのことには、さまざまな弊害もあって、当時にまるまる戻ってほしいとは思わない。けれど、「自分」を見つめすぎる今の時代に、この「いいところ」だけは伝えておきたい。

私がタフだったのは、「お前がどうかなんて関係ない。人工知能の夜明けを見るためには、歩みを止められない。とにかく歯車を回せ」という社会の風潮のおかげだった。私の日々の挫折なんてちっぽけなことだったし、落ち込んでいる暇もなかった。同僚は戦友で、互いに必要なことを、必要なタイミングで率直に言い合えた。

「大きな目標のために、小さな歯車になる」ことの個人の脳への利点は、たしかにあるのである。脳の世界観が大きいので、日々の小さなことが気にならない、という。

ＳＮＳ全盛期の今、「日々の小さなこと」をクローズアップするのが、世界の流行りでもあり、人々の脳の癖にもなっている。その脳の感覚が、職場の「小さな失敗」にも適用されて、個々人の脳の中で大きくなりすぎているのではないだろうか。

経営者になってみてわかったが、命にかかわらない失敗は、実のところ、会社にとっては想定内だ。会社も上司も、「想定内の失敗」を繰り返して成長してもらうつもりなのである。社会人生活が長いと、失敗が次の新発想を生むのも、よくわかっているし。

失敗は、その瞬間、胸を痛める必要はあるが、３分以上もくよくよしたりグズグズしたりする必要はない。

夢見る力を眠らせてはいけない

社会が「大目標」を掲げてくれず、会社に「駆け上がる目標」もない今、会社は個人に期待するしかない。このため、企業の主人公が「組織の成果」ではなく、「社員一人一人」になっている。

「一人一人を大切にする」ということばは美しいが、責任を押し付けられて「素敵な自分」を目指させられる若い人も難儀だなぁと思う。

どうか、そんな罠《わな》にはまらないで。「組織の成果」に目を向けて、「自分の日々の挫折」が小さく見える視点を、自分で持っていてほしいと思う。

もちろん、政府には企業が目指せる「大目標」を掲げてほしいし、各企業には「駆け上がる目標」をぜひ、とも思うけど、ここまで成熟した社会ではなかなか難しいと思う。人類の平均的な想像力をはるかに超えた〝未来社会〟を私たちは生きているのだもの。昭和の時代のように、そう簡単に「未来はこうしよう」が出てくるはずがない。

それでも、リーダーたちは、夢見る力を眠らせてはいけない。

夢見る力を手に入れる

そうそう、いつだったか、ある政治家が、政府の科学技術開発予算を圧縮しようとして、「世界一になる理由は何があるんでしょうか。2位じゃダメなんでしょうか」と発言したことが話題になった。世界一を目指さなければ、もっと研究費を圧縮できるでしょうに、と。

あの時、公には誰も反論しなかったけれど、私は、その発言の政治的センスを疑った。国にはプライドをかけた大目標が要るのである。上を見ておかないと、若い人たちの脳の中で自我が肥大して、疲弊してしまう。

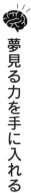

夢見る力。それは、コロナ禍によって引き起こされたパラダイムシフトの時代に、あらためて政治家や事業家に不可欠のセンスである。国や会社を評価するとき、トップリーダーたちのそれを見ればいい。自分の会社のトップリーダーにそれがなかったら、あなた自身がそれを養っておこう。

そのためには、「自分がどう見られるか」ではなく、「大切な人たちにどうしてあげたいか」だけを考えるのである。顧客に理不尽なクレームをつけられたときも、「ひどい」と落ち込むのではなく、「どうしたら、満足させてあげられたのか」「今後はこうしてみよう」と好奇心に変えていく。

手ごわい顧客ほど、面白いゲームになる。「おお、ボスキャラ登場」と楽しめばいい。それを積み重ねていくと、やがて、会社や社会をけん引していく「夢見る力」になっているはず。

「世間に照らして自分を見る」のではなく、「自分の好奇心に照らして世間を見る」のである。世界は、自分のためにある。誰の脳にとっても、本来はそうなのだから。

自分の話は結論（目的）から言う

話をぐるっと戻そう。

対話の神髄について。

ここまでに述べたように、人の話は共感で受けるのがセオリーである。一方で、自分の話は、結論（目的）からする。

すなわち、「人の話を聞くときは共感型、自分の話は問題解決型」。これが、成熟した大人の会話スタイルである。

前にも述べたが、共感型の女性であっても、実家の母親の長い長い「ことのいきさつ」は聞いてはいられない。共感型であっても、オチがなるだけ早く来たほうが、ありがたいのである。

ましてや、問題解決型の上司の前で、「感情の揺れるままに、ことのいきさつを話す」のは、よっぽどの場合に限定しておいたほうがいい。

なぜ上司はわかってくれないのか

数年前のこと。とある県で、女性管理職のためのシンポジウムがあり、基調講演に呼んでいただいた。

集まったのは、課長あるいは主任クラスの、いわゆる中間管理職といわれる立場の女性たちである。その地域性から、多くは製造業に勤務する方々だった。

ほぼ全員が男性上司に仕え、男性部下を多く持つ。そんな製造業の女性管理職たちには共通のストレスがあるようで、会場は日ごろの鬱憤を晴らすおしゃべりで活気に満ちていた。

私の講演を聴いていただいた後、いくつかの分科会に分かれてディスカッションが始まった。そのうちの一つに「上司はなぜわかってくれないのか」という素敵なテーマがあったので覗いてみると、ある女性が、上司の無理解を訴えていた。

曰く、彼女の開発チームに不測の事態が続いた。顧客からの要件変更が相次いだのだ。一つ一つは対応できないことではなかったが、担当者ごとに受けたそれが偶然重なって、動きが取れなくなった。さらにインフルエンザが流行って、病欠者も相次ぐ。彼女は、こうなったら「来月の目標を下方修正して、チームを立て直そう」と決心するのである。

それしか選択肢はなかったのだろう、私も英断だと感じた。

しかしながら、それを彼女の上司に提案しに行くと、その上司は、次々と彼女の「悪かったところ」をあげつらい責めてくるので、彼女は、とうとう何も言えずに、ただ叱られて、その場を去ったのだという。

その話を聴いていた参加者たちは口々に彼女に同情し、男性上司をなじる発言が相次いだ。皆、同じような経験があるという。

そして、とうとう、マイクは私に回された。「黒川先生、どう思われますか？」

ふぅ、と私は、ため息をついた。

私も、かつて製造業の中間管理職だったので、彼女の気持ちはとてもよくわかる。しかしながら、研究者として、ここは真実を語らなければならない。「彼は、まったく悪くない。残念ながら、この件では100％あなたが悪いと言わざるを得ない」と。

これは、日ごろは問題解決型のデキる女性が、強いストレスにさらされて、女性本来の生存可能性を高める回路＝プロセス指向共感型をとっさに選んでしまったケースだ。

あまりのことに結論から言えず、まずは上司との「共通感覚」を生み出すために、感情を交えて、プロセスを延々と語っているのである。

なのに、上司のほうは、ゴールを急ぎ、相手の話の中から勝手にゴールを切り出して、問題解決を試みる。共感が不可欠な相手に、問題点の指摘を連打してくる、という構図が出来上がってしまったのだ。

結論から言う、数字を言う

つまり、女性リーダーが、「あんなことがあって、こんなことがあって、本当にたいへんで」とプロセスを語ろうとしたのに対し、男性上司が「あんなことがあって」を解決するのが今回のゴールかと思って、「それはこうするべきだったね」とアドバイスを打ち込んできたのである。続いて、「こんなことがあって」にも同様のことをする。

最初にゴールを明らかにしないから、相手がどんどんボールを打ち込んできて、ぼこぼこにされてしまったのである。

悪いのは、ゴール（結論、目的）を示さなかった女性リーダーのほう。男性上司は、自分の仕事を真摯に全うしたのみである。優秀で、思いやり深い人である。

ビジネストークは、何があっても結論から言わなければならない。

思いもよらないところから飛んでくるボールで、心にケガをするわけにはいかないから。

この場合は、「来月の目標を下方修正します。先方と早急に交渉して、○○工程でリカバリます。その理由ですが、実は……」と最初に言わなければならなかった。

特に男性脳は、「目的のわからない話」に耐性が低い。

おしゃべりに使う脳のワーク領域が、女性脳の数十分の一しかなく、最初に目的を言わないと、脳が勝手に音声認識をやめてしまうことさえある。音声が日本語に変わらないので、本当に「話が通じない」のである。

上司のみならず、男性の同僚や部下にも、必ず結論から言うことだ。ポイントの数も先に言っておくといい。「企画書の変更点について話があるの。ポイントは三つね。一つ目……、二つ目……」のように。

数字は、ゴール指向問題解決型の脳にとってはカンフル剤のようなもの。数字を言われると、意識がはっきりする。ゴール指向問題解決型の回路が、空間認知の回路（距離を測ったり、構造を見抜く回路）を主に使うことから、数字に反応するのだと考えられる。数字を言われることで、今聞いている話が全体のどの位置にあるのかがよくわかり、話に集中できるのだ。

結論から言う、数字を言う。職場はもとより、夫や息子にもそう心がけるといい。「デキる妻」「わかってくれる母」の地位を確立できる。

言いにくいことにはキャッチフレーズを

とはいえ、こんな身もふたもないネガティブな結論から言いだすことなんて到底できない、というのが、共感型の心づかいでもある。

大丈夫、いい作戦がある。ポジティブなキャッチフレーズをつけるのである。私なら、こんなとき、「チームの意欲向上と顧客満足度向上のために、来月の目標をいったん下方修正しますね」と宣言する。

そうしたら、上司のほうから、何があったんだ？と聞いてくれるので、「それがたいへんだったんですよ～」と事情を話すことができる。

ビジネスなら、言いにくい提案＝ネガティブな提案にも、必ずその先の展望があるはずだ。ポジティブな展望がなかったら、「生き残るため」でもいい。その先の大目的を語って、言いにくさを吹き飛ばそう。

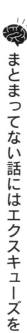

まとまってない話にはエクスキューズを

ビジネストークは、何があっても結論から言わなければならない……とは言ったが、アイデア出しの会議は、その限りではない。

まとまっていない脳内イメージの中にこそ、新鮮なアイデアがある。頭に浮かんだことをつらつらとしゃべらないともったいない。

そのようなときは、最初に「ちょっと気になることがあって、まとまってないんですが、話を聞いてもらってもよろしいでしょうか」と言えばいいのである。

そうすれば、「まとまってない話を聞く」ということがゴールになるので、ゴール指向問題解決型も「ことのいきさつ」を聞いてくれる。

それをせずに、マーケティング会議の最中にいきなり、「昨日、夫とデパ地下に行ったんですよ。お土産のケーキを買おうと思って。そうしたら……」なんて話しだしたら、「何の話？　この人、いつもとっ散らかってて、何言いたいんだか全然わからない」なんて思われて厄介者扱いされてしまう。そこからアイデアが出たとしても、「彼女の無駄話がたまさか功を奏した」と思われるだけで、評価につながらない。

最初にエクスキューズしておけば、「このだらだらした話こそがヒント」だと思ってもらえて、成果も自分のものになる。

デキる女の3秒ルール

ちなみに、女性は、「いきなりの早口」にも気をつけたほうがいい。

男性は、何かに集中している時には、音声認識機能を停止させている。音声認識機能が立ち上がるまでに約2秒かかる。

つまり、男性部下に話しかけるとき、「田村くん先週の会議で決まったあの件どうなった？」と一気に話すと、「田村くんホエホエホエホエピ～ホエホエ」のように聴こえてしまうのだ。

ちなみに、脳は、どんな状態でも自分の名前を呼ばれたことだけはキャッチする。このため、自分が呼ばれたことはわかったけれど、その理由が皆目わからないという混乱状態が男性たちを襲うのである。男性がよく「はぁ？」と間延びした返事で顔を上げるのは、そういうわけ。女性をナメてるわけじゃないのである。

名前を呼んでから2～3秒空ける、つまり「田村くん《2～3秒》先週の会議で」という間《ま》を入れるといい。音声認識さえ立ち上がれば、その後は、早口でも大丈夫。

男女のミゾは、こんなプリミティブな神経処理の部分にも潜んでいる。知ると知らないとじゃ、大きな違いではないだろうか。

4

身体の動かし方が、意識の違いを生み出す

とっさの身体の動かし方にも、大きく分けて2種類ある。

所作・動作の違いも、人間関係のすれ違いの大きな原因になってしまうので、バリエーションがあることを知っといたほうがいい。

冒頭にも述べたが、驚いた時、上体を上げる（ひょんと跳び上がる、または、肩をきゅっとすくめる）人と、上体を低くする（肩を落として身構える、または、のけぞりながら後ずさる）人がいる。

実はこれ、前者が指先に力と意識が集中するタイプ、後者が手のひらに力と意識が集中するタイプなのである。

このタイプは生まれつき決まっていて、一生変わらない。

指先タイプVS手のひらタイプ

もちろん、誰もが指も手のひらも使うのだが、力を込める必要があるとき、あるいは集中力が必要なときは、それぞれ自分のタイプを優先させる。

吊革につかまるとき、指先タイプは、指先でぶら下がる。握り込むと、かえって力を込められない。

吊革につかまるとき、手のひらタイプは、吊革を手のひらで握り込む。指先だけでは、力が込められない。

手のひらタイプの私は、吊革に手首を入れて、手首をだらりとかけるのも好き。身体が安定してどんな揺れにも対応できるから。

瓶の蓋を回すときも、指先タイプは指に力を込める。

手のひらタイプは、手のひらを蓋に密着させて、手のひらに力を込めて回す。ペットボトルのような小さな蓋でも、手のひらで包み込む。ただし、蓋が回り始めてからは、指を使う。

自分の正解が、みんなの正解とは限らない

指先タイプは、物を扱うとき、指先を使うので、自然に手首をよく回す。手の構造上、指先を全方位に動かすためには、手首を自在に動かす必要があるからだ。手首を自由にするために、ひじはあまり体側から離さない。

このため、扇子で顔をあおぐときは、ひじを体側に付けて固定し、手首を使って，比較的高速でパタパタとあおぐことになる。

手のひらタイプは、物を扱うとき、手のひらを添えるので、ひじをよく動かす。手のひ

らをあらゆる方向に使うためには、ひじを自由に動かす必要があるからだ。

このため、扇子は、ひじを体側から離して、ひらひらあおぐことになる。高速ではないが、強い風を起こせるので、涼しさに優劣はない。

なお、狭い場所では、手のひらタイプも手首高速パタパタをするので、扇子を自己判定に使うときは、ひじを遠慮なく浮かすことができるくらいの、広めの場所でお確かめください。


縄跳びの縄も、指先タイプは、ひじを体側に近づけて固定し、手首で回す。手首で反動をつけて、縄を跳ね上げるように回すのである。

手のひらタイプは、ひじの反動をつけて、縄を振り下ろすようにして回す。

このため、長縄跳びで、異なるタイプの二人が両端を持つと、縄がしなって、なかなか安定しないのだ。片方が跳ね上げるようにして回し、もう片方が、振り下ろすようにして回すから。

ならば、同じ二人が回せばいいかというと、そういうわけでもない。回し手が同じタイプで揃うと、逆のタイプの子が跳びにくいからだ。「振り下ろす、振り下ろす」というふうに回される縄の中に、跳ね上げるセンスの身体は入りにくい。逆もまたそう。最強のチームを作るつもりならば、全員同じタイプにすべきだが、みんなで仲良く跳ぶのであれば、違うタイプのペアが互いを気遣って回すのが一番いい。どちらのタイプの子も跳びやすくなる。

そう考えてみると、すべての組織が、そうなのではないだろうか。タイプの違う者同士が互いに気遣って組織を回すとき、その組織は、最もうまくいくのに違いない。

逆上がりも、やり方がまったく違う。

指先タイプは、みぞおちを鉄棒に近づけて、手首の反動でくぃっと上がる。手のひらタイプは、みぞおちは鉄棒から離し、ひじの遠心力でぶんっと回る。前者は、おへそより上の部分が鉄棒に触れ、後者は、おへそより下の部分が鉄棒に触れる。

子どもに縄跳びや逆上がりを教えるとき、違うタイプの指導者がやり方を細かく強要すると、その子はけっしてうまくできない。運動音痴というレッテルを貼られてしまうことになる。実際に、手のひらタイプの子に「ひじを体側に付ける」ことを強要して、「縄跳びの跳べない子」にしてしまった実例もある。

まっすぐ派VS斜め派

また、指先タイプにも手のひらタイプにも、「まっすぐ派」と「斜め派」が存在する。つまり、対象に対して、身体をまっすぐにしたほうが力が出せる人と、斜めにしたほうが力が出せる人。

壁を全身で押してみてほしい。壁に対して、肩がまっすぐ（平行）な人はまっすぐ派、肩を斜《はす》に構えて押す人は斜め派である。斜め派は、足が前後に離れ、前の足と後ろの足の向きも違う。これに対し、まっすぐ派は、足の向きが揃い、位置もそう離れない。

まっすぐ派は、机にまっすぐ座り、ノートもまっすぐにして、まっすぐ書く。当たり前のように感じるかもしれないが、斜め派は、ノートを斜めにするか、自分が斜めに座らないと、まっすぐ書けない。お習字のときに、無理やりまっすぐ座らされて、字も、字の並びも、なんだか斜めになってしまうのは、斜め派の子どもたちである。

まっすぐ派は、机の上の道具を、まっすぐに揃えたがるが、斜め派は、扇状に配置したほうが使いやすい。まっすぐ派からすると、斜め派の机は、散らかっているように見えることがあるらしい。私は、「大きく斜め派」（手のひらタイプの斜め派は大きく斜め、指先タイプの斜め派は小さく斜め）の子どもだったので、まっすぐ派の先生によく叱られた。ダンスをやるようになってからは、身体を斜に構えるポーズがうまくてセクシーだと褒められるようになった。本人は、しゃきっとまっすぐしているつもりなのに（苦笑）。

正解が違えば、正義も違う

これを、職場に置き換えてみればいい。

身体や道具を使う仕事で、その使い方を細かく指導するのは、考えものである。「何をどうすべきか」を教えたら、あとはある程度、本人の裁量に任せたほうがいい。

また、脳は「自分のやり方」を最も理にかなって美しいと思い込むので、それも気をつけなければいけない。別のタイプから見たら、「美しさ」も違うのである。

わが家は、私たち夫婦と息子夫婦との同居生活なのだが、過去に1回だけ、嫁姑問題が勃発しかけた。原因はトイレブラシである。

ある日、およめちゃんが、「わが家のトイレブラシは使いにくいから、新しいの買ってきたよ～」と、私の愛用のブラシを捨ててしまった。

これが、我慢できないほど使いにくかったのである。ふちの汚れがうまく取れない上に、顔にしぶきがかかる（！）。私は、仕方なく、自分の好みのタイプのブラシを買い直してきた。

それに、息子が腹を立てたのだ。「せっかく使いやすいのを買ってきたのに、こんなダメブラシを買ってきて。彼女、悲しんでるよ」と。私が「ダメブラシってどういうこと？私がメインでトイレ掃除をしてるのに、なぜ、私が、水が飛び散るブラシで我慢しなければならないわけ？」と返したら、「こんな使いやすいブラシで、飛び散るほうがおかしい」と言い返された。

28年続いた私と息子の愛もおしまいだな、と思った瞬間、私は気づいたのだ。そうだ、身体のタイプの違い！

およめちゃんは指先タイプ、しかも人差し指に力を込める癖がある。このため、トイレブラシの柄に人差し指を当てて、前にきゅっきゅっと押して使う。ふちにまっすぐ当たるので、平たいへら型ブラシがぴったりなのである。

私は、手のひら派、しかも薬指に力を込める癖がある。このため、ブラシを握り込んで、外に向けて回しながらふちに当てる。ブラシの腹がふちに当たるので、厚みのある、棒状のブラシがありがたいのだ。私がへら型ブラシを使うと、へらがよじれて、ふちに当たって跳ね返る。ぴしゃっと汚水が跳ね上がるわけ。

なるほどね、と、お互いに納得し合って、事なきを得た。

息子は最初、「世にも使いにくいブラシに固執して、嫁の親切を受け入れない偏屈な母。しかも不器用」という烙印を押したし、私はひどく傷ついた。

もしも、「身体の動きの種類」を知らなかったら、私たちの誤解は解けず、互いの心に深い傷を残したに違いない。きっと今ごろ、別々の家に暮らしていたと思う。

同じような誤解が、きっと職場でもあると思う。

上司と部下が違うタイプだった場合、使いやすい道具も、その道具の使い方も違う。「この世に正しい方法は一つ」と思い込んでいれば、相手がぞんざいで邪道に見える。つまり、正義さえもすれ違ってしまうのである。

人類の身体タイプは4種類

身体の動かし方のタイプを、まとめようか。

この世には、つごう4種類の身体タイプがある。

①指先タイプ／人差し指優先【斜め派】
②指先タイプ／薬指優先【まっすぐ派】
③手のひらタイプ／人差し指優先【まっすぐ派】
④手のひらタイプ／薬指優先【斜め派】

骨の構造上、①④にはまっすぐ派はおらず、②③には斜め派はいない。

驚いた時、①タイプは跳び上がり（上体がひょんと上がる）、②タイプは肩をすくめて固まる。③タイプは肩を下げて身構えて固まり、④タイプはのけぞって退く。

先に、跳び上がるタイプと、のけぞって退くタイプは、前後の布陣が取れると書いたけど、4種類揃えば、①は前に出て高く、②はその場で高く、③はその場で低く、④は後ろに低く態勢を取れることになる。それぞれに右利きと左利きがいれば、完璧な面の布陣が、とっさに取れるのである。4タイプすべてが揃えば、チームは最強なのだ。

劣等感から抜け出す方法

なのに、何度も言うけど、残念なことに、人は「自分と違うタイプ」を見下したり、逆に劣等感を抱いたりする。

「自分と違うタイプ」の部下が、自分が言ったようにできないことにイラつき、一方で、自分が不得手なことができることに嫉妬する。優越感と劣等感がないまぜになって、威嚇するしかなくなってしまう。

そんな苦しい人生を生きることはない。考え方を変えればいいだけだ。――自分ができないことを補ってくれて助かる。あいつができないことは工夫してやればいい。なんなら、自分がやってやってもいい。そんなふうに。

どの脳も、できることと、できないことがある。

脳は万能で、優秀な人と、優秀でない人がいる。そんなふうに勘違いしていると、常に部下が不誠実に見え、自分は劣等感地獄に落ちてしまう。

なぜかイラっとする相手が、最高の相棒である

斜め派の私は、書類は、大きく扇状に広げると見やすい。ノートも斜めにしたほうが書きやすい。まっすぐ派の夫からすると「だらしない」のだそうだ。

何でもまっすぐに、迷いなくしゃっしゃと置いていく夫の所作は、私には、物をぞんざいに扱っているように見えてしまう。私からのプレゼントをそんなふうに扱われるととても悲しい。

ところが夫は、大切な物を斜めの方向に置かれるのが、かちんと来るのだそうだ。「追いやられた」ようで。

互いに、自分がけっして置かない場所なので、そう感じるのだろう。

このように、なぜかイラっとする相手が、自分と違う資質の持ち主であることが多い。「あいつセンスが悪いんだよな」「どうして、これをする？」「ガサツ」「不器用」などというつぶやきの多くが、とっさの身体の動かし方が違うことに起因していたりする。向こうだって、こちらの所作にきっと違和感があるに違いない。

それを知っているだけで、ストレスはかなり減衰させられる。

それだけじゃない。資質が違うということは、こちらが不得意なことを、さらりとやってのけられる相手なのだ。こちらがやりたくないことが、相手にとっては気にならないことだったりもする。「なぜかイラっとする相手」は、種類が違うということを認め合えば、補完し合える最高の仲間なのである。なのに、食わず嫌いでいるのは惜しすぎる。

所作の違いは、意識の違いでもある

指先に意識が集中する指先タイプは、「先へ先へと意識が行くタイプ」でもある。思いついたら、やらずにはいられない。段取り上手で、スピーディだ。夏休みの宿題も早め早めに着手する。旅の段取りも、細かく決めないと落ち着かない。メールの反応も素早い。

手のひら全体を意識する手のひらタイプは、「ふんわり意識が広がるタイプ」である。行動を起こす前に、おっとり妄想している。段取りなしで、ぎりぎりに開始する。しかし、事前に妄想してた分、想像力と展開力がある。このため、不測の事態にも強い（そもそも、日々の暮らしが「不測の事態」の積み重ねだしね）。

夏休みの宿題も、旅の段取りも、どこ吹く風、である。しかし、「行き当たりばったりの旅」を最高に面白くできる才能がある。メールの反応は「手紙か」というくらい遅いときがある。

指先タイプの部下に困ったら

指先タイプの部下は、段取り上手でスピーディ、行動もスマートなので、おおむね、上司の評価が高い。

ただし、「思いついたら、やらずにはいられない」性質が裏目に出ることもある。長期目標を丸投げされると、「先へ先への思い」が膨大なことになり、気ばかり焦ってストレスフルになり、挙句投げ出すことも。

容易にことを投げ出さない手のひらタイプにしてみたら、突然の「ちゃぶ台返し」にびっくりしてしまうが、無責任なわけでも、飽きっぽいわけでもないのだ。責任感が強すぎるゆえの所業である。

指先タイプの部下には、短期目標の設定が不可欠。定期ミーティングを設けるなどして、長く放っておかないことだ。

また、段取りを完璧にして走りだす指先タイプに、「そうそう、あれを忘れてた」だの

「方針が変わった」だの「ついでに、あれもしておいて」だの、不用意な横槍を入れると脳がひどく苦しがる。

指先タイプに、「見切り発車」的な、半端な仕事の渡し方をするのは酷なので、気を付けたい。

経験が少ない指先タイプは、フライングも多く、配慮に欠けることもある。しかし、それは、「思いついたら、やらずにはいられない」美しい資質がもたらす、わずかな弊害だ。それを、「無神経」だの「軽率」だのと、心の問題として叱らないであげてほしい。ただ、静かに「こうすればよかったね」「一言添えたら、完璧だったな」と導いてやればいい。

手のひらタイプの部下に困ったら

手のひらタイプの部下は、思慮深くて、忍耐力があり、不測の事態にも優美な対応を見せる。管理職になってくると、かなり頼りがいがあるタイプと言える。しかし、若手スタッフとしては、仕事の着手が遅いので、指先タイプの上司をイライラさせることも多い。

手のひらタイプには、期限ギリギリまで妄想する癖があるのだ。いったん着手すると馬力があって、結局は間に合わせてくるのだけど……。私は、まさにこのタイプで、友人からも上司からも、「帳尻合わせだけはうまい」と言われた。今思えば、ずいぶんと周囲をやきもきさせたのに違いない。けれど、期限さえあれば、何とかできる。

逆に言えば、期限を決めないと、いつまでもぼうっとしていて、何も始まらないという欠点がある。というわけで、手のひらタイプの部下には、必ず期限付きでタスクを渡すこと。自分でも、自発的に期限を決められるよう指導してやりたい。

与えられた仕事はさっさと片付けずにはいられない指先タイプにしてみたら、「期限がないと始めない」なんて、思いもよらない感覚だろうけれど、そのおっとりさこそが、思慮深さにつながる資質なのである。

「遅れる」理由は2種類ある

手のひらタイプにも指先タイプにも、メールの反応が劇的に遅いタイプがいる。実は、理由が微妙に違う。

手のひらタイプは、その場で結論が出せないことを宙に浮かせていられる時間が長いのである。つまり、「もやもや」を抱えていられる脳の耐久時間が長いのだ。このため、「後でちゃんと考えて（調べて）、返事を出そう」と思っているうちに、つい長くなり、ときには忘れる。責任感はちゃんとあって、忘れたことを指摘されたときのショックはけっこう大きい。

手のひらタイプのメール遅延癖を直すには、次の2点を徹底して指導する。

・仕事のメールは、回答がすぐにできない場合は、メールを受信した旨をすぐに返すこと（「了解しました。追って、回答いたします」「メール、拝受いたしました。後ほど、お返事いたします」）

・メールの賞味期限は12時間。毎朝、メールをチェックして、昨日の未回答メールに対応

すること
指先タイプにしてみたら、「そんなこと、言う必要がある？」みたいな話だが、そう、言う必要があるのである。
私自身は、このタイプの部下には、重要なメールの最後に、「このメールには、まず、受け取った旨を返すこと。回答は明日の朝まで」とか入れておく。彼（彼女）がルールを思い出すために、何度でも。

指先タイプのメール遅延は、「それほど重要だと思わない」ときに起こる。このメールに、速攻で返事するほどのこともない、と感じてしまっているのだ。相手をナメているわけじゃない。むしろ、信頼しているときに起こりがち。「明日会うから、その時話せばいい。口頭のほうが丁寧に説明できるし」くらいの感じ。
指先タイプの脳には、「脳がしなきゃいけないと感じたことは、せずにはいられない」が、「脳がそう感じないことには、どうにも食指が動かない」癖があって、本人の脳が「せずにはいられない」と思うことと、周囲が「お前、それは、しなきゃダメだろう」がズレることがある。

遅延による障害を避けるためには、「明日の○時までに返事がなければ、○○の発注が遅れます」などと、具体的な必要性を付記するといい。脳の中で、「それほど重要だと思わない」が「重要だ」に変われば、速攻返事が返ってくる。

この性格を根本的に何とかしたいときには、本人の脳と周囲の期待のズレを指摘しなければならない。基本的に痛い目に遭わなければわからないので、メール遅延によって、彼（彼女）が手にできたはずのゲインを失わせる必要がある。それがない場合は、しっかり叱ってやらなければならない。

私自身は、このタイプには、逆に、ゆるしを書いてあげる。「このメールの返事は急ぎません。今度、会った時でもいいよ」と。すべてに返事を急げ、と強制すると、脳が自発的にそれを思えなくなるから。

ゆるしのメールと、痛い目と。メールの重要性に緩急をつけてあげると、自発的に重要なメールが嗅ぎ分けられるようになる。

宮本武蔵は、手のひらタイプ？

遅刻癖もまったく同じ理由で、２種類ある。

手のひらタイプは、「ぼうっとしている時間」がなんとなくあって、いつの間にか時間がなくなっている。特に、集中力が必要なイベントの前にはそうなりがち。脳が、直感力を高めるために「ぼうっとする」からだ。

「意識があるのに、ぼうっとして時間が飛ぶ」のは、脳が空間認知の領域を活性化して、とっさの判断力を高めているのである。

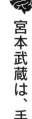

女性から見ると、夫や息子は本当によくぼんやりしている。息子は、ランドセルから筆箱を出しながらぼうっとしてるし、夫は、ニュースを見ながらぼうっとしている。あの瞬間、脳は、空間認知（距離を測ったり、構造を見抜いたり、全体を俯瞰したり、戦略を立てたりする機能に寄与している）の回路を活性化している可能性高し。つまり、男性脳は「ぼうっと」している間に進化しているのである。理系の女子にも、このタイプは多い。

子どもの「ぼうっと」は、急かさないで、ときには放っておいてあげてほしい。脳の発達が著しい8歳までに、どれだけぼんやりしたかで、後の理系力が決まると言ってもいい。

さて、「特に集中力が要るイベントの前」にぼうっとするので、大事なときほど、大遅刻をするのが手のひらタイプの厄介なところ。しかしながら、遅れて走り込んできて、大ホームランを打つのも、手のひらタイプの特徴でもある。遅刻して、周囲をイライラさせた上に、成果を奪っていくので、ライバルとしては、こんな嫌な奴はいない。

巌流島の決闘で、佐々木小次郎をひどく待たせて打ち勝った宮本武蔵は、きっと手のひらタイプに違いない、と、私は前々から思っていたのだけど、昨年、武蔵の肖像を描いた掛け軸を見かけたら、たしかに見事に手のひらタイプの体形と立ち方をしていて、くすりと笑ってしまった。

武蔵が指先タイプなら、一世一代の決闘に、遅れて行けるはずがない。そんな戦略思いつきもしないし、誰かにアドバイスされたとて、自分自身がイライラしてとても遂行できない。

おそらく、小次郎は指先タイプ。武蔵の遅刻の脳へのダメージが大きく、本領発揮できなかったに違いない。スポーツマン精神にのっとって言えば、武蔵は卑怯である。相手のケガした足を蹴って金メダルを取ったようなもの。まぁ、しかし、剣術の試合だからね。相手の弱点を突く、は、正攻法である。

ところで、そうなると武蔵は、本当に戦略で遅刻したのだろうか。もしかすると、ぼうっとしているうちに遅刻して、イラついて浮足立った小次郎を見て、その瞬間「戦略だったこと」にしたのかも？　手のひらタイプの遅刻癖には、結果オーライが多いから。

武蔵ほどではなくても、手のひらタイプの遅刻は、「集中力が高く、成果を出しやすい」という副産物を持ってくることが多い。大目に見てやりたいところだが、ビジネスではそうもいかない。部下にこの手の遅刻癖があったら、「入り時間」を設定してやることだ。「3時の企画会議、入り時間は2時50分だからね」とかね。そのうち、自ら10分前を目指せるようになる。

まぁ、これも、指先タイプにしてみたら、「言わなきゃ、わからないのかよ」という感覚だろうけれど、そう、言わないとわからないのである。

指先タイプの遅刻は、メール遅延と同じ。脳がそれほど重要と思えていないことで起こる。メールと一緒で、「痛い目」と「大目に見る」の緩急で根気よく指導してやらなければならない。

メール遅延にしろ、遅刻にしろ、脳の癖で起こることで、本人の「顕在意識」は、十分に反省しているのである。顕在意識にがみがみ言っても、埒《らち》はあかない。「潜在意識」に働きかけなきゃね。

「やればできる」は危険である

夕べ観た韓流ドラマで、女性刑事の欠点をあげつらっている男性刑事たちに、先輩刑事がこう言った。「得意なことが違うだけだ。互いに認め合え」

得意なことが違うだけ。素敵なセリフだなと思った。

誰にでも、さらりとできることと、頑張ってもできないことがある。さらりとできることを組み合わせてチームを作ればいいのである。頑張ってもできないことを突っつき合ったりしないで。

やればできる。

美しいことばだが、脳の機能上、危険なことばである。私は、部下にも自分自身にも、そのことばをけっして使わない。

「やればできる」なんて、嘘だもの。たしかに、やれば、できないことはないが、自分に合わないやり方では、精度が悪い。ときには危険で、身体を壊したりもする。「自分に合わないやり方」で生きれば、借り物の二流以下の人生になってしまう。

「やれば、できる」なんてことばに慰められている場合じゃない。

自分や仲間の「できること」と「できないこと」を見極めて、できることを活かし、できないことは別の誰かにやってもらえばいいと腹をくくる。それこそが人生達人のコツである。誰かにイラついてしょうがなかったら、あるいは、誰かに劣等感を抱きそうになったら、「得意なことが違うだけ」と、呪文のように言ってみよう。

5 世代間コミュニケーションギャップ

さて、ここまでは、「問題解決と対話」の2種類、「身体の動かし方」の2種類（2×2、つごう4種類）について述べてきた。ここからは、また別の2種類について語ろうと思う。

世代間で起こっている、コミュニケーションギャップである。

実は、コミュニケーションにおける共鳴反応（うなずいたり、反射的に相手と同じ表情や所作をしたりして心を通わす行為）に世代差が生じているのである。

1990年代半ば生まれ以降の世代に、うなずかない若者が増えている。

新入社員の反応が弱い。若手と話が通じているか、よくわからない。ここ数年、そんな嘆きを、さまざまな企業から聞くようになった。

実は十数年前、この世代が小学校に入ったころ、全国の小学校で、「1年生の反応が弱くなった」と言われたのだという。それまで1年生といえば、校長先生が朝礼で「1年生のみなさん」と話しかければ一斉に「はい、はーい」と元気に手を挙げるものだった。ところが、妙にし～んとしている、と。

明らかに、コミュニケーションの共鳴反応が弱くなっているのである。

ミラーニューロン不活性型

共鳴反応を作っているのは、ミラーニューロン（鏡の脳細胞）である。

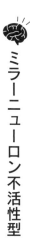

私たちの脳には、目の前の人の表情や所作を、まるで鏡に映すように、神経系にまるっと移しとる機能がある。それを担っているのがミラーニューロンだ。

目の前の人が満面の笑顔になれば、ついつられて笑顔になってしまう。手を振られれば、反射的に振り返す。あっち向いてほい、に負けるのも、ミラーニューロンが正常に作動している証拠である。

「ね」と念を押されてうなずくのも、「1年生のみなさん」と大きな声で呼びかけた校長先生に、大きな声で返事をするのも、すべてミラーニューロンが反射的にやっていることつまり、うなずかない若者は、それまでの世代から見ると、ミラーニューロン不活性型ということになる。

フェイスtoフェイスの経験不足が原因

ミラーニューロンは、赤ちゃんのとき、最大に活性化している。人間としての基本動作を身に付けるためだ。口腔周辺の筋肉の動きを移しとることでことばを獲得し、所作動作を移しとることで、手を使ったり、歩き始めたりするのである。さらに、表情を移しとることで、相手の気持ちになることも学ぶ。

赤ちゃんが共鳴するのは人間だけじゃない。カーテンが風になびくのに合わせて身体を揺らしたり、クリスマスツリーの点滅に合わせて、口をパクパクしたりすることもある。この世のありようさえも、ミラーニューロンで感じ取っているのに違いない。

とはいえ、そこまでの強い共鳴反応のままで大人になるわけにはいかないので、成長するにつれ、共鳴反応を弱めていく。通りすがりの人でもあやせば反応してくれた赤ちゃんが、3歳ともなるとそう簡単にはいかなくなるので、それまでに劇的な減衰期があるのだろう。脳の機能性から言えば、小脳の発達臨界期の8歳ごろには、ミラーニューロン活性度が確定するはずだ。

このとき、最終的な反応の機能と度合いを決めるのは、日々の体験である。親と目と目を合わせ、うなずき合い、微笑み合っていれば、その反応が残る。仲間と顔と顔を合わせ、連携して遊べば、その反応が残る。

日々の共鳴体験がより少なければ、ミラーニューロンはより不活性化する。親が携帯端末の画面を見ている時間が長くなれば、当然、子どもの共鳴体験が減る。子ども同士がリアルに遊ぶ時間が短くなれば、当然、子どもの共鳴体験が減る。それこそが、1990年代半ばを境に起こった変化なのだろう。

人類は、ミラーニューロン不活性型に進化したのである。

ミラーニューロン不活性だからダメという話じゃない。不活性同士は、それなりにうまくいく。要は、反応の強い者と弱い者の間の誤解が問題なのである。

うなずかない、心が通じない、気が利かない

上の世代からすると、ミラーニューロン不活性型は、うなずかない、心が通じない、気が利かないように見える。

というのも、この三つが、ミラーニューロンの仕事だからだ。

ミラーニューロンは、表情や所作を移しとる。

当然、うなずいたり、相手に合わせて、笑顔になったり、神妙な顔になったりするのが

第一の仕事だ。

そうして表情が揃うと、心が通じる。人は、嬉しいから嬉しい表情になるのだが、嬉しい表情になると、嬉しい時に脳に起こる信号が誘発される。つまり、表情が移ると、相手の気持ちをリアルに感じ取ることになるのだ。私たちが、喜びを分かち合い、悲しみに心を寄せることができるのは、ミラーニューロンのおかげなのである。このため、表情が揃わない人とは、心が通じ合った気がしない。

ミラーニューロン不活性型の人にも、もちろん感情はある。リアルコミュニケーションで、とっさに揃えるという習慣がないだけ。ＳＮＳの「いいね」ボタンがあるから、かまわないのかもしれない。

ミラーニューロンは、目の前の人の所作を神経系に移しとることで、「何を、どのような意図で、どうしているのか」を直感的につかみ取ることにも寄与している。「あ、彼女、あれを取りたいのに手が届かないんだな。手を貸してあげよう」というように。

ミラーニューロン不活性型は、目の前の人の行為を、ぼんやりと車窓の風景のように眺めるだけだ。当然、気が利かない。

ミラーニューロン不活性型同士は、互いに期待しないので、気が利かないことにも気づいていない。この世のすべての脳がミラーニューロン不活性型になってしまえば、案外、平和なのかもしれない。

上の世代の、ミラーニューロン不活性型へのネガティブな評価は、ギャップがあるから感じるだけ。ミラーニューロン活性度が同じ者同士には、何ら不満は生じない。

不活性型から見れば、上の世代は、うなずきすぎてうざいし、心を寄せようとするのが気持ち悪いし、気が利きすぎてひく〜という感じなのに違いない。

まぁ、そもそも、ミラーニューロン不活性型という言い方がフェアじゃない。若い世代から見れば、上の世代が、ミラーニューロン過剰活性型なのだから。

だから、これからは、ミラーニューロン不活性型を進化型と呼ぼうと思う。

職場の死語

さて、うなずかない、心が通じない、気が利かないの三拍子が揃うので、上司は、進化型の部下に「話聞いてるの」「やる気あるの」「どうして、やらない」というセリフを言ってしまうことになる。

これ、言われた側はちんぷんかんぷんなのである。

本人にしてみれば、一生懸命話を聞いてるのだから、「話聞いてるの？」「やる気あるのか」と言われても答えようがない。「どうして、やらない」に至っては、「誰か、僕にやれって言いました？　言ってませんよね。なのに、なぜ、叱られるんですかぁ」てな感じだろう。

気の弱いタイプなら、ハラスメントを受けていると思い込むことになる。実際、「誰も私に仕事を教えてくれないのに、気が利かない、なぜやらないと叱られるんです。これってパワハラですよね」と、泣きながら人事に訴えてきたケースもある。

「話聞いてるの」「やる気あるの」「どうして、やらない」は、言ってもその真意は伝わらないし、ほとんどの場合、威嚇されたと思われてしまうだけ。
もうこれは、職場の死語と心得よう。ここから先、絶対に言わない3語にしてほしい。

話を聞いていないように見えても、気にしないことだ。案外、聞いている。

気が利かないのは事実だが、暗黙の了解を期待しなければいい。「先輩が片付けているのに、なぜ手伝わないんだ?」なんて言わないで、「先輩が片付けているときは手伝えよ」と言ってやればいい。

進化型は、他人の表情が気にならないので、威嚇されても気づかずに、飄々《ひょうひょう》と活躍できたりする。海外でもおじけづかないし。意思の疎通が悪いのは日本にいてもそうなので慣れているからなのだろう。進化型には、進化型のいいところがあるのである。

自分が進化型だと思ったら

自分は進化型かも、と思った方のために、アドバイスをしておこう。

「話聞いてるの」と言われたら、「聞いてます。そうでないように見えたら、すみません」、「やる気あるの」と言われたら、「もちろん、あります。そうでないように見えたら、すみません」と謝ってしまえばいい。

「どうして、やらない」と言われたときも、「気が利かなくてすみません」と。


このアドバイスをある学生にしたら、「すみません、すみませんって、簡単に言うけど、自分が悪くないのに謝るのは傷つくでしょう。自分の傷ついた気持ちをどうしたらいいのでしょうか？」と、質問されたことがある。

この本を読んでくださっている方の中にも、同じように感じる方がいらっしゃるのだろうか。

この「すみません」は、自分の身を守る「すみません」であって、何ら傷つく必要がない。厳密には、「そう見えたこと」を残念に思っていると伝えているだけであって、自分に非がある（話聞いてなくてすみません、やる気がなくてすみません）と言っているわけじゃないのである。つまり、相手の「気持ち」にだけ謝って、「事実」は一歩も退いていいないのだ。

気持ちにだけ謝る、気持ちにだけ感謝する

ビジネスでは、「気持ち」と「事実」を分けるコミュニケーションは、とても有用なのである。進化型のみならず、すべての人が知っておいたほうがいい。

「お気に障りましたか？　申し訳ありません」という謝り方がある。

自分が何ら悪くなくても、相手がうんと年上で、あるいは顧客で、どうしても謝らなければならないとき、これは役に立つ。気に障った「気持ち」にだけ謝っているのであって、自分がしたことを謝っているわけじゃないので、自分の魂を汚さないで済むからだ。

私は、息子が小さい時、彼がちょっとだけはしゃいで、傍らにいた年配の女性にしかめっ面をされた時、「子どもがお気に障りましたか？　すみません」と謝った。「うるさくして、すみません」と謝ったら、子どもを叱らなきゃならなくなる。そのシチュエーションでは、息子をそんなことで萎縮させたくなかった。なので、ただ、相手の気に障った「気

持ち」にだけ謝ったのである。

気持ちにだけ感謝するという方法もある。

たとえば、接客業の方なら、顧客から「ここをこうしたほうがいいんじゃないの」「あの店では、こうしてる」「ほかの店なら、こんなことはしない」のように意見を言われることがあると思う。

そんなとき、「いちゃもんをつけられた」と感じて、心を固くしてしまうと、返すことばが浮かんでこない。こういうときは、「ありがたいアドバイス」の体で、お気持ちに感謝してしまうのである。「参考（勉強）になります。ありがとうございます」のように。

参考になります、と言っただけなので、それを導入するかどうかの判断は、こっちにある。だから、何も心を重くする必要はない。

まぁ、実際、参考にしてみてもいいと思うけどね。尖ったクレームにせよ、アドバイスとして受け止めれば、自分の伸びしろを知らせてもらったことになるのだから。

気持ちにだけ謝って、あるいは気持ちにだけ快く感謝して、事実は事実でクールに処理する。

相手の話は共感型で聞き、自分の話は問題解決型でする。

「得意なことが違うだけ」と割り切って、自分と違う誰かにイラつかない、誰かと違う自分に劣等感を抱かない。

この三つをマスターしてしまえば、職場の人間関係なんて無敵である。

第2章

AIと人類の近未来

AI記念日

第3次ブーム、世界は人工知能時代に突入

２０１６年3月15日。

世界最強と言われた韓国の囲碁棋士と、人工知能（ＡＩ）の世紀の対決が終わった日である。「人類が、とうとう人工知能に負けた」というセンセーショナルなニュースが世界を駆け巡り、それを機に第３次ＡＩブームが勃発。あらゆる企業や組織が、こぞってＡＩ導入検討を開始した。

私は１９８０年代の第２次ＡＩブームと言われた時代に、人工知能の研究開発に従事し、あらゆる基礎技術に携わった。やがて「ヒトと人工知能の対話」の研究に着手。１９９１年４月に全国の原子力発電所で稼働開始した世界初の日本語対話型データベースは、私が開発したものだ。つまり、私は「草分け」の人工知能開発者なので

ある。

しかし、人工知能ということばは、やがて忘れ去られた。80年代のブームは「基礎技術のＡＩ」だったので、一般の人々にとってのＡＩ（自動運転車やしゃべるロボット）には遠く及ばず、期待外れだったに違いない。その、優に20年は眠っていたことばが、２０１６年３月15日、華やかに紙面やネットのヘッドラインを飾った。そして、世界は容赦なく人工知能時代に突入したのである。

人工知能の父と、ダイバーシティの夜明け

ちなみに、第１次人工知能ブームをほとんどの日本人は知らない。１９５０年代、イギリスの天才数学者アラン・チューリングによって「機械が知性を持ちうる可能性」が示唆されたのが、その始まりである。世界中の研究者や表現者がこれに反応し、小説や映画にＡＩが登場するようになった。チューリング博士は、第２次世界大戦中、かの有名なドイツの暗号エニグマを読み解いたことでも有名である。

母国イギリスをナチスドイツから救い、現在のコンピュータの基礎を築き、「人工

知能の父」とも呼ばれた歴史の要人、チューリング博士だが、同性愛で告発され、その業績は不当に貶《おとし》められた。当時のイギリスでは、同性愛は罪だったのだ。

その死後はるか経って２００９年、イギリス政府が博士への人権侵害を正式に謝罪、２０２１年、博士は新50ポンド札の顔になってイギリス全土にいきわたることになった。

かつてアラン・チューリング博士の瑞々しい感性に触発された若きＡＩエンジニアだった私は、インターネットで見つけた新ポンド札のデザインに、しばしことばを失った。人類の進化を目の当たりにしたようで。ダイバーシティと人工知能の両方の観点で。

人類の英知から何をどう切り出すか

やがて私たちは、ＡＩの部下や同僚と働くようになるだろう。あらゆる分野のＡＩエキスパートが登場して、「パターン化されたタスク」「膨大かつ日々変化する知識からの要領のいい情報収集」「ちょっとしたアイデアの創出」をやってくれる。人類の仕事は、当然、奪われる。一方で、人類の新しい仕事が生まれる。ＡＩプロデューサーなる役割。人類のどの「知」を切り出して、ＡＩに教えるかを画策する人たちだ。

アメリカでは、既にいくばくかのスポーツ記事や経済記事をＡＩが書いているそうだが、このＡＩ、新聞社ごとにモデルを違える必要がある。同じ巨人中日戦でも、中日スポーツと読売新聞では、書きぶりが違うはずだ。また、学習させる過去データを特化すれば、「過去の名物記者」のモデルを作ることもできる。

つまり、ＡＩプロデューサーは、現在のみならず過去からも、何パターンもの知を発掘することが可能なのである。人類の膨大な英知のうち、いったい何をどのように切り出してＡＩに学習させるか。そのデザインと、現場で使えるようになるまでＡＩを学習させる役割が、ＡＩプロデューサーには期待される。

ＡＩプロデューサーは、必ずしもＡＩの専門家でなくていい。マニア力が、彼らに必要な素養である。スポーツ記事ＡＩのプロデューサーなら、「スポーツ記事に夢中になれて、いい記事にうっとりする力」である。このようなＡＩ門外漢であるＡＩ従事者を支えるには、今のＡＩツールは未熟である。ツールにもなっていない、注文生産の段階。財力のある企業やベンチャー企業が、研究開発者を囲い込んで挑戦する段階だ。一般の経営者は、もう少し落ち着いて時機を待てばいい。

魂まで捧げてしまわないために

一つだけ、懸念がある。ＡＩが奪うのは、若い人たちが苦しんでやる「東奔西走タスク」である。しかしながら、膨大な情報に溺れそうになり、右往左往して失敗を重ねることは、28歳までの脳に不可欠のエクササイズ。現場で泣かなければ、とっさに本質的な判断ができる50代の脳には育たないのである。

ヒトの脳を装置として見立てると、人生最初の28年間は入力装置だ。がむしゃらに「世の中のありよう」を吸収する時期に当たる。この脳には、定型タスクの繰り返しも「世の理不尽」に泣くことも必要不可欠なのである。

そうして、次の28年間は、回路の優先順位を決めて、脳の個性を確立するために使う。この時期は、失敗経験が何より脳の糧になる。そして、56歳、脳は、勘が働く出力性能最大期を迎える。

ＡＩは、「定型タスク」を引き受け、「理不尽」や「失敗」から人間を守ってくれる。ありがたいようだが、別の見方から言えば、若い人たちの学びの機会を根こそぎ奪ってしまうのだ。ＡＩは、落ち込みもせずキレもせずに24時間働く素晴らしいスタッフだけど、経営者たちには、人材を育てるために「あえてＡＩを導入しない」という英断も必要である。

ＡＩブームの真っただ中、ＡＩに足元をすくわれないクールさもまた人の道。私は、こっそり、3月15日を「ＡＩ記念日」と呼んで、人類がＡＩに魂を捧げてしまわないように見守る日にしようと思っている。

（「コメントライナー」２０１7年3月15日に加筆）

ＩｏＴ、ピンとこない？

玄関に宅配便ボタンがあれば

ＡＩと共に、ビジネス最前線に登場してきたキーワードにＩｏＴ（モノのインターネット）がある。これだけ携帯端末が何でもしてくれる時代に、「わざわざその辺に仕込んでおいて、状況に合った情報をプッシュしてきてくれる小さな装置」なんて、出る幕があるのだろうか。そう思う人も多いのではないだろうか。実際に、「ＩｏＴ導入のアイデアを出せ」と言われて困っているビジネスパーソンも山といると思う。何を考え出しても、スマホでできることばかり……。

でもね、それが、そうでもないのである。

たとえば、宅配便を考えてみればいい。「配達したのに不在、そして再配達」という事態に、宅配便業者のタスクが膨れ上がっているという。できれば在宅時間に、一発で荷物を届けたい。ユーザ側も、一発で受け取りたい。なのに、それがかなわない。だったら、玄関に、宅配便IoTがあればいいのに、と私は思う。

小さな装置にボタンは二つ。片方は宅配業者からの連絡用で、片方はユーザからの連絡用だ。最寄りのセンターに荷物が届いたら、「荷物、来てますよ」を知らせるボタンが点灯する。ユーザは、在宅していて受け取り可能なら、「今、受け取れますよ」のボタンを押す。シャワーを浴びたりトイレに長く入ったりする時にはいったん消して、再度点灯すればいい。集合住宅なら、配達者は「今、受け取れますよ」の部屋の荷物だけをカートに入れて、合理的に部屋を回れるのである。

将来は、無人の自動運転カートで、部屋まで届けてもいい。IoTから1メートル以内にカートが入った時にだけ、IoTのボタンを押すと、当該荷物の入ったラックの扉が開くようにすれば、他の部屋の荷物が盗まれることもない。

そこにあるから単純だから

もちろん、今でも、メールを使った配達予告と、配達時間指定ができるシステムはあるのだが、外出先でそのメールを確認するのも煩わしいし、配達時間指定も案外面倒くさい。その上、指定した時間に帰れないことだって多い。

現在、一部地域で、巡回型の無人トラックを想定した、自動配達の試みが始まったという。あらかじめスマホなどで指定した場所、指定した時間にトラックがやってきて、荷物が受け取れるというのだが、①「あらかじめ指定」が煩わしい、②外出先で荷物が増えるなんてまっぴら、③暗証番号を自分で入力しなきゃならない、など、主婦ならすぐにいくつもの使いたくない理由が頭に浮かぶ。トラックを巡回させる、なんていう乱暴なことをする前に、どうしてＩｏＴの導入を試してみなかったのかしら？

ＩｏＴの発想が広がらない理由に、「それならスマホでできるのに」という思い込みがあると思う。この例でもわかるように、ＩｏＴは、既にスマホで実現している機能になぞらえるだけでも十分なのである。そこにあるから意味がある、機能が単純だからこそ使いたくなる。この二つが発想の鍵だ。

「かまってボタン」が欲しい

私が一番欲しいＩｏＴは、息子の携帯に直結した「かまってボタン」である。これを押したら、離れて暮らしている息子から電話がかかってくるというだけの愛しい装置。

これを言うと、男性の多くは、「それなら、電話をかければいいじゃないですか」と言う。違うんだな〜、これが。「かかってきた電話に出た」息子と話すのと、「かまってほしいとわかって、わざわざ電話してきてくれた」息子と話すのは。女性はみんな、この気持ちをわかってくれて、「私も、彼氏に直結した、かまってボタンが欲しい〜」と言ってくれる。

ＩｏＴのキラーコンテンツを開発しようと思ったら、この違いをしっかり腹に落とす必要がある。

（「コメントライナー」２０１７年4月26日）

人工知能研究で気づいた男女脳の違い

相容れない男女の対話スタイル

１９８０年代の後半、私のチームには、あるミッションが下された。「ヒトと人工知能の対話の研究」である。

当時、人工知能開発の現場では、30年後の社会が想定されていた。——２０１５年を超えると人工知能の時代に突入し、人と人の間にいて、人の思いや動線を察して手を差し伸べてくれる知能メカたちが登場する。このメカたちがどんなふうにことばを紡いでくれたら、私たちは、ストレスなく共存できるだろうか。私のチームは、コンピュータの日本語対話システムを開発するとともに、「よい対話とは何か」を追求することになった。

その比較的早い時期に気づいたのが、男女の対話のスタイルの違いだ。しかもその二つは相容れない。

女の「経緯語り」を遮ってはいけない

問題が生じたとき（不安や不満を感じたとき）、女性は、ことの発端から、経緯をなぞるように話す。「3カ月前、あの人にこう言ったら、ああ言われて、ああ言ったんだけど、こうなって、でね……」というように。

女性脳がそれをするのにはわけがある（そもそも、脳は理由のないことはしない）。女性脳はプロセス指向といって、プロセスから真理や知恵を切り出す演算をする。ことの経緯を語る裏で、無意識のうちに女性は、「この事態を招いたのは誰か」「何が悪かったのか」「私にもできることがなかったのか」などを探り出しているのだ。そうして、話し終えた時には、最適解が出ているのである。

男性は、女性のこの癖を愚痴や言い訳、ときには陰口だと決めつけるが、それは濡れ衣だ。女性脳は、最も合理的かつ謙虚な問題解決をするために、ことの経緯を語るのである。この〝経緯語り〟を途中で遮られると、女性脳はショックを受ける。真理を探り出す演算が中断して、そこまでの途中演算もすべて無為になってしまうからだ。だから聞き手は、「きみも口の利き方がまずかったよな」みたいに、いきなり結論を突き付けてはいけない。たとえそれが真実だったとしても、女性脳はショックのあまり、逆ギレするしかなくなってしまう。

女性の話は、共感して気持ちよく聴く、が基本。「わかるよ、きみの気持ち」と言ってあげれば、「私も悪かったの」と着地する。女性脳を最も有効に使うための対話スタイルは、プロセス指向共感型だ。

AIにも二つの対話エンジンが必要

一方の男性脳は、ゴールを先に決めておきたい。結論や話の目的を最初にはっきりさせたいのである。そうして、話の途中であっても、問題点が見つかれば即座に指摘して、解決を急ぎたい。男性脳を最も有効に使うための対話スタイルは、ゴール指向問題解決型である。

人工知能の対話システムでは、方向も感性も真逆のこの二つの対話システムを、一本のプログラムに混在させることはできない。いずれ、ＡＩ（人工知能）の開発者たちは、これら二つの対話エンジンを作ることになる。そうして、エスコート・メカたちにハイブリッドで搭載する。人工知能同士で会話させても、異なる対話エンジンを選択してしまうと、関係は破たんする。それを知った私は、生身の男と女がこのことを知らないことに愕然とした。

女性の相談話に、問題解決してあげたのに逆ギレされる男性。男性の結論を急ぐ話し方に、愛されていないと傷つく女性。そんな人間関係の機微に、人工知能の知見が効く。人工知能研究は、ヒトの脳の秘密を知る学問でもある。

（「コメントライナー」２０１７年6月13日）

どこまでいってもAIは道具にすぎない

人類を超えることは超えるが

「人工知能がどんなに進化しても、想像力は人類のものですよね」「ある先生が、読解力だけはヒトを超えないって言ってました。本当ですよね?」、そんな質問を受けることがある。たいてい、「YESと言ってください」と顔に書いてある。

多くの人は、「想像力」や「読解力」が人類のお家芸で、それこそが人類の存在意義だと感じているらしい。だから、そこを揺るがす人工知能に脅威を感じてしまうのだろう。専門家から、「たしかに超えません。大丈夫です」と言ってもらいたいのだと思う。

しかしながら、この質問に対する私の答えは、残念ながらNOだ。

人工知能は、軽々と人類を超える。読解力でも想像力でも。その辺のぼ～っと生きている人よりは、既にはるかに勘がいい。

読解力も想像力も、人類の平均値をはるかに凌駕していく。ただし、ノーベル賞受賞学者級の稀代の発見を超えられるかと言えばNOかも。しかしながら、何億人に一人の逸材を基準に、超える超えないの議論をしてもしょうがないのではないか。だって、これらの質問をする人の意図は、「私の想像力は超えないでしょう?」なのだから。そちらは悪いけどNOである。すると、誰もが心底がっかりした顔をするのだ。

美しいとも美味しいとも感じない

がっかりすることはないですよ、と私は微笑む。なぜなら、どこまでいっても、人工知能は道具にしかすぎないのだから。

人工知能は、医療の現場では既に人が見逃した癌を見逃さず、新たな治療法を示唆するまでに至っている。ほどなく、巨匠並みの芸術作品を作り出し、一流シェフ並みの創作料理を考え出すに違いない。しかし、彼らには、それを美しいと感じることも、美味しいと感じることもできないのである。五感も、命も持たないからだ。

彼らにとっては、単に入力されたことを、回路を通して出力しただけだ。確信を持って、閃《ひらめ》いたわけじゃない。それが愚作なのか、稀代の名作なのかを、彼らは本当の意味では永久にわからない。もちろん、判断基準を学習させれば、それなりの判断はできるようになるだろうが、その場合も「判断基準を学習させる人」が必要になる。

人工知能に価値を与えるのは人間

つまり、それを美しい、美味しい、正しいと判断する人間とセットでないと、人工知能には存在意義がないのである。人間と一緒でないと機能しないのなら、人間より能力が高くても、それは道具にすぎない。ブルドーザーや洗濯機と一緒だ。

やがて、美しいものを美しいと感じる、美味しいものを美味しいと感じる人と暮らし、その感性を学習したAIに付加価値が生じる時代が来るだろう。運転上手な人と共にいたAIカーも。私なら由美かおると暮らしたAIを買いたい。あの年で、あのボディ。どうやって暮らしてるの？？？

人間が人間らしくあること。美しく、美味しく、正しいことを愛し、そうでないことに心を痛めて生きること。それこそが高付加価値を生む時代。「人間らしく生きること」こそが、人工知能にけっして代替されない「人類最後の仕事」になる。人類は、今よりずっと幸せになれるはずである。

（「コメントライナー」２０１９年12月25日）

人はなぜ人工知能を恐れるか

最後の砦《とりで》は「認識」

私が人工知能エンジニアとして歩み始めてから40年近くになる。私の興味の対象は、最初からずっと「認識」にあった。なぜなら、ここが人工知能にとって、最後の壁になるからだ。逆に言えば、人類の最後の砦でもある。

ヒトは、五感から入ってきた情報を統合して、目の前にあるものを認識する。CG（コンピュータグラフィックス）で作られた「見たこともない、想像上の事物」であっても、私たちは、その質感や重さを想像することができる。「あれにのしかかられたら、動けないぞ」ということを。生まれてすぐの赤ちゃんでも、おっぱいを認識し、どうすればいいか知っている。本能に根差した認識の力。脳の真骨頂と言っていい。

人類のお家芸を奪う

しかしながら、人類はその「脳の性能」を、長らく科学の領域から締め出してきた。認識が済んだ後の「記号」を扱うことをもって、科学的かつ知性的であるとしてきたのである。論理や証明、計算こそが、人類の英知の証しであると。

「認識」は他の動物にもできるが（ときには、むしろ動物のほうが優れているが）、「計算」や「記号処理」は人間にしかできない。自らを特別な存在（神に最も近い）と自負する人類が、他の動物に一線を画する行為として発展させてきたこと。それが、記号化した概念（ことば、記号、数や数式）を遊ぶことなのである。たしかにそれは、長いこと人類のお家芸だった。計算する喜びと誇りは、何千年も人類の手中にあったのだ。

その人類の誇りを揺るがす存在が現れた。人工知能である。人工知能は勝手に計算をする。記号化された概念を、人間よりも洗練されたセンスで操ることができる。だから、「客観性科学を敬うエリートの論理」のもとにいる人にとって、人工知能は脅威なのである。人類はお家芸を奪われたのだから。「人工知能が人類を攻撃してくる」なんていうSF的な心配をしている人は、きっとそう多くないはずだ。ただただ、「勝手に計算する機械」が怖いのである。人類の存在意義そのものを失わせるようで。

――さて、本当に、人類はその存在意義を失いかけているのだろうか。

人類の新たな存在意義

もちろん、私はそうは思わない。私たちには「認識」がある。人工知能は、やがて一流シェフ並みの創作料理を提案してくるだろうが、それを味わう舌がない。絶品なのかゴミなのかわからないのだ。演算によって「美味しい度」の類推はできても、類推を超えた奇跡のマリアージュ（相乗効果）は、やっぱり人間にしかわからない。

命あるものの認識力すなわち感性こそが、人類の新たな（もともと持っていた）存在意義なのである。

これ以降、人類の役割は、命あるものの「実感」と「記号」の相互変換に集約されてくる。「計算」そのものは、もう人類の誇りにはなり得ない。2千年を超えて人類を支えてきた価値観が、人工知能によって、根底から覆されたのである……！

人々が「勝手に計算する機械」を怖がった理由は、「暴走するから」なんていう事象の話じゃなく、もっとずっと根が深かったのだ。

独立研究者の森田真生氏は、その著書『計算する生命』の中で、人類を「計算と生命の雑種（ハイブリッド）」と呼んでいる。「命（感性）」と「記号（知性）」のハイブリッド。「他の動物」とも「人工知能」とも一線を画する存在の呼び名。人類の新しい存在意義を言い得て妙だと思う。

（「コメントライナー」2021年6月9日）

第3章

ダメな脳なんてない

歯の無い話

頭の回転がぴたり止まる

先日、NHKの番組収録で、将棋の加藤一二三さんとご一緒させていただいた。史上最高齢現役、最高齢勝利の記録を伸ばしていた加藤九段は、彗星のように現れた14歳のスター、藤井聡太四段に負けた後、2017年6月20日、現役を引退した。77歳だった。

藤井四段の超人気のとばっちり（?）で、加藤九段は、力尽きて戦場を去る場面を繰り返しマスコミで流される羽目になってしまった。しかし、そのおかげで、現役引退後はバラエティー番組に引っ張りだこ。百戦錬磨の棋士にして、敬虔なクリスチャンである加藤九段の一言には、周囲を唸らせる真実の深みがあるし、あの歯の無い笑顔がなんともチャーミングなのだ。

さて、その歯の無い話。

ご一緒した番組の中で、加藤九段は、歯の無いことについて、毎日、妻に「治せ」と迫られると困り果てていた。最近はテレビ露出も多いので、それこそあまたの人に言われる、と。「だけど」と彼は続けた。「歯があると、頭が止まってしまうんです」曰く、以前、奥歯を入れた時、頭の回転がぴたりと止まって、何も出てこなくなってしまった。棋士としては、致命的。仕方ないので入れた歯を取り除いたら、元に戻った。私は、「脳科学的によくわかります」と深くうなずいた。実は、口腔の動きと脳とは、密接に関連しているのである。

口の開け具合が小脳に影響

あごのすぐ後ろには、小脳という器官がある。小脳は、空間認知と身体制御を司り、イメージを創り出す立役者。直観力は、ここが生み出す。この小脳は、口腔の開け具合に影響を受ける。

たとえば、「タカイ」と発音すれば、上あごが高く開き、この感覚が小脳を経由して、意味とは別に「高いイメージ」が作られるのである。「ヒクイ」と発音すれば、下あごが低く下がり、やはり、脳は低いイメージを描く。英語でも「High（ハイ）」は上あごが高く上がり、「Low（ロウ）」は下あごが低く下がる。私たちは、無意識のうちに、口腔の開け具合と脳を連動させているのである。

また、宇宙や悠久の歴史に思いをはせるとき、人は、口を閉じていても、あごをゆるめて奥歯の間を空けていることが多い。遠くを思うとき、自然に口腔を高く使うからだ。逆に、近くの何かに集中するときは、歯と歯を合わせて、あごをしっかり閉じる傾向にある。

老化現象が新たな世界観を？

こうして、思念と口腔の開け具合は、微妙に連動する。となると、小脳を大胆かつ繊細に使う棋士たちは、おそらく、口腔の開け具合に強く影響を受けるはずだ。

加藤九段は奥歯を失くして、あごの咬合が、歯がある時よりも深く使えるようになった。この深く合わさるあごの感覚によって、今まで見えなかったものが見えてきた可能性が高い。最高齢記録を伸ばしたのも、歯を失くしたおかげだったのかも。

動きの鈍くなった身体、見えなくなった目、しみ、しわ……老いの現象は、もしかすると、脳に新しい世界観を与えているのかもしれない。老いてみるのも、面白い。

（「コメントライナー」2017年7月25日）

人にはできないことがある

四肢コントロールに4種類

四肢（両手両足）の制御は小脳が担当しているのだが、そのコントロール方式は4種類あって、どのタイプなのかは生まれつき決まっている。平たく言えば、身体の動かし方には4タイプあるということだ。どのタイプにも、得意な動きと不得意な動きがあって、タイプの違う師匠から、「身体の動かし方（使う部位と順番）」を強制されると、才能のあるアスリートも音楽家も書道家も大成できないのである。

物をつかんだり使ったり、立ったり歩いたりするとき、四肢のある動物は、腕や脚の骨を回旋させて動きだす。その回旋の中心となる骨が、人によって違うからだ。

たとえば腕。ひじから下は、人差し指につながる真ん中の太い骨（橈骨《とうこつ》）と、薬指につながる外側の骨（尺骨《しゃっこつ》）から成り立っている。人は誰でも動きはじめに、この2

本の骨のうちのどちらかを優先して使う。骨と神経系の構造上、同時には使えない。このため、人差し骨を優先させて使う人と、薬指を優先させて使う人がいる。

そして、それぞれに、中指に向かって回旋させる人（指がまとまるので、指先に力が集中する）と、親指や小指に向かって回旋させる人（指が離れるので、手のひらに力が集中する）がいるので、つごう4種類の身体制御タイプが出来上がる。ちなみに腕は脚と連動する。

イチローと松井の違い

さて、あなたは、どのタイプだろうか。

私は、薬指側の骨を小指側へ外旋するタイプ。外の骨をさらに外旋させるので、立ち上がるときも歩きだすときも、いったんかかと側に重心が行き、弾みをつけるようにして動きだす。パワーは出せるが、反動なしでいきなり飛び出すことは得意ではない。指先に力が入らないが、握り込む力は半端ない。ゴルフでもテニスでも球投げでも、後ろ側の足にしっかり乗り込んで、強く反動を使うタイプ。

人差し指側の骨を親指側に回旋させる人も、かかと重心で動きだし、弾みをつけるタイプだ。内側の骨をさらに内側に内旋させるので、外側の骨の外旋タイプと同様手のひらや足の裏を広く使うことになり、いったんかかと側に重心が行くからだ。

これに対し、人差し指と薬指を中指に向かって使う人は、指がまとまり、指先に力が集中する。このため、指先の力が強く、動きだすときも、いきなりつま先に乗り込める。逆に言えば、いったん後ろに下がって反動をつけることが苦手なタイプだ。ゴルフやテニスや球投げで、後ろ側の足に十分に乗り込んで弾みをつけろ、と言われてトライしてもパワーが落ちてしまうし、コントロールも利かない。

野球で言えば、イチローがこのタイプで、前ノリの前打ち（前重心のまま、前に向かって打ち込む）、松井はイチローの反対のタイプで、後ろノリの後ろ打ち（後重心で、さらに後ろからの反動を使って打ち放つ）。前ノリタイプは、打った後の走りだしが早く、機敏で敵の虚を突くのがたやすい。後ろノリタイプはこの器用さには欠けるが、出力が半端なく大きい。ダイナミックでパワフルなのだ。どちらにも美点と利点があり、弱点がある。大事なのは、「別のタイプ」には、誰もなれないということだ。

自分の身体に合った動かし方

ロッククライミングが趣味の知人が、指先の力が弱いのに悩んでいた。彼は、薬指外旋タイプ。力を入れれば入れるほど、手のひらに力が集中し、指先がばらけて力が抜ける。訓練したってどうにもならない。その代わり、反動をつけて遠くの岩に足をかけることは大得意なのだ。私は、「指先を鍛えようとしても無理。手のひらの力をうまく利用するよう発想転換してみて。憧れの先輩と〝同じように〟しなくていい。それに趣味でやるのなら、すべての壁に登らなくてもいいのでは？　あなたには、あなたの壁があるはず。指先しかかからない岩が連続する壁なんかに囚われていないで。いっそ、趣味を変えるという手もあるし」とアドバイスした。

習い事で、どうしてもうまくいかないことがあったら、自分の身体のタイプに合っていないのかも。一度、立ち止まってみるといいかもしれない。

（「コメントライナー」２０１７年９月13日）

脳の賞味期限

28歳で老化が始まる

ヒトの脳のピークは、いつだと思う?

この質問を受けたのは、人工知能の開発者として、ヒトの脳のありようを学んでいた時のこと。脳生理学の専門家の口から出た質問だった。答えあぐねる私に、師はこう断定した。「ヒトの脳のピークは28歳まで。28歳を過ぎると老化が始まる」

私は、ほえぇと思った。下手すると百を超えて生きる身体に、賞味期限28年の脳が載っているとは、いかなるジョークかと。私は、大学では素粒子を学んだ。物理学の世界では、無駄な存在はこの世にはないように見えた。宇宙は、緻密にして超絶なバランスで出来上がっている。その宇宙の奇跡のようなヒトの脳に、そんなアンバランス? 信じられない。

その直感は正しかった。人工知能の研究を進めていくうちに、脳の賞味期限がはるか長いことを知った。脳生理学者が間違っていたわけじゃない、「いい脳」の定義が違ったのである。

脳の使命は記憶から出力へ

人工知能の開発者は、脳を装置として見立てる。どのような入力に対し、どのような演算を施し、どのような出力をしてくる装置かと。装置として見立てると、脳は28年ごとに位相を変える。人生最初の28年は著しい入力装置なのだ。

そのうちの前半14年間は子ども脳型。記憶に、五感から入ってきた情報を豊かにリンクさせる感性記憶力の時代。大人脳が完成する15歳から28歳までは、単純記憶力のピークだ。単純記憶力とは、ものごとを素早くとらえて、比較的長くキープする力。単純と呼ばれるが、生み出す知はそう単純ではない。一つ一つの記憶を長くキープするので、複数の記憶を折り重ねるようにして、そこから共通項をくくり出し、センスやコツを見出すことにも長けている。勉強のみならず、人間関係の妙や、仕事のコツを覚える好期に当たる。

ヒトの脳を、「新しいことを素早く覚えること」をもって「頭がいい」と言うのなら、たしかに脳のピークは28歳まで。しかし、後にも先にも、この宇宙にたった一つの装置として存在するヒトの脳である。世のありようを知ること（世間を理解すること）が、その使命だとは思えない。要は、出力性能だろう。その脳にしかつかめないものをつかみ、その脳にしか出せないことばを残して、その役目を全うするはず。

56歳がピークの入り口

出力性能が最大になるのは、56歳から84歳までの第3ブロックである。56歳、ヒトの脳はやっとピークの入り口に立つ。ものごとの本質を瞬時に見抜き、判断に迷いがなく、結果が腹落ちして気持ちいい連想記憶力最大期。健康でさえあれば、これが84歳まで続く。

ちなみに、第2ブロック（28歳～56歳）は、脳の回路の優先順位を知る28年。失敗して痛い思いをすると、失敗に使われた関連回路の閾値《いきち》（生体反応が起きるきっかけの度合い）が上がり、神経信号が流れにくくなる。こうして、とっさに神経信号を流さなくていい回路を知ることで、判断が速くなり、やがて「本質の回路」が浮かび上がってくるのである。

一方で、脳内に神経信号が流れにくい箇所が出来る以上、当然思い出せないことも増えてくる。「物忘れ」である。ヒトの脳というものは、物忘れが進むと同時に、迷いが消えていくように作られているのだ。孔子は「四十にして惑わず」と言ったけど、惑わなくなった以上、天下の孔子でさえ物忘れは進んでいたはず。つまり、失敗は脳にとって最高のエクササイズであり、物忘れは老化なんかじゃなく進化だった！

実は第4ブロックもあるらしく、現役のまま90を過ぎると、脳の一部が若返るという報告もある。加齢とともに細くなる脳梁《のうりょう》という器官が再び太くなるらしい。ここは、入力機能を担保する場所の一部。つまり、ここへきて、新たな発見があるようなのだ。そういえば、私が尊敬する漢文学者・白川静先生は、90代になお著書を残している。そう考えると、年の初めに齢を重ねることも悪い気はしない。どうぞ、よいお年をお迎えください。

（「コメントライナー」２０１７年12月25日）

「失敗にビビらない」という知性

宇野昌磨のたくましさ

平昌オリンピック男子フィギュアのフリーの演技で、宇野昌磨が、冒頭のジャンプに失敗して手をついてしまった。世界中が緊張したその瞬間、満面の笑みを浮かべた宇野選手は、その後の演技をのびのびとこなしてみせた。結果、見事に銀メダルを獲得。羽生結弦との奇跡のワンツートップを実現した。

試合後のインタビューで、彼は、「羽生選手の演技、見てました。っていうか、他の選手の演技も見てます。出番を待ってる時は、けっこう暇なんで。他にすることないし」と答えていた。その平常心ぶりにびっくりして、私は、テレビに見入ってしまった。緊張するので、ライバルの演技は見ないという選手が多いのに。

彼は、こんなふうに続けた。――たしかに、金メダルは意識した。いつもの自分の演技が確実にできれば取れるだろう、と。なのに、冒頭のジャンプで失敗しちゃって、「ここでかよ〜」と笑えた。後は、緊張から解放されて、のびのびやれた。失敗にビビらない、そこからが本番だと思うたくましさ。日本人もやっとここまできたか、と、私は胸がいっぱいになった。この国は、本当に、国際化したのだと。

やられると高揚する

私はイタリア語を習っているのだが、イタリア人の先生が、こう言ったことがある。「日本人は、1点先に取っているときに、点を取り返されると一気に弱くなる。あれは何？」

イタリア人なら、そこで高揚するのだそうだ。「やっとゲームが始まった」と。彼らにとって、ゲームとは「点を取られて、取り返すこと」であって、一人勝ちすることではないからだ。私の大好きなバイクレーサー、ヴァレンティーノ・ロッシも、先頭をぶっちぎって走っているのはつまらないと言う。ライバルに抜き返されると、身体全体が「うっひょ〜」と喜んでいるのが遠目にもわかるくらいだ。

「やっちゃったこと」「やられちゃったこと」を勝負のアクセントと見るのか、完璧性の壊れと見てがっかりしてしまうのか。この二つは、国際舞台で活躍する人たちにとって、重要な違いだと思う。スポーツのみならず、ビジネスにおいても。

失敗重ねてセンスいい脳に

そもそも失敗は、脳にとって最高のエクササイズである。失敗して痛い思いをすると、その晩、失敗に使われた関連回路の閾値が上がり、電気信号が行きにくくなる。胸の痛い失敗を重ねれば、要らない回路が消え、失敗しにくい脳に変わるとともに、とっさに余分な回路に電気信号が行かないので、本質を見抜き、勘が働く、センスのいい脳になる。失敗は何ら恐れることはない。潔く認めて、清々しい気持ちで寝ればいいだけだ。

実は、先へ先へ答えを与え、失敗に本人以上にがっかりする親がついていると、子どもは失敗にビビりすぎる脳に育ってしまう。完璧主義の親に、早期教育されるのは、危ないのである。

人工知能も、ディープラーニングで失敗事例を学ぶ。一方で、人工知能のサポートによって、人類には失敗の機会が減ってしまう。失敗が宝物になる時代なのだ。ビビっていては残念すぎる。宇野選手を見習おう。

（「コメントライナー」２０１８年2月26日）

「56年前」という発想法

「メキシコの壁」と「ベルリンの壁」

2016年のアメリカ大統領選で、私が、息をのんだ瞬間があった。それは、共和党のトランプ候補が、「メキシコの壁」を口にした時。こりゃ、トランプ氏だな、と確信したから。

私には56年という時間のビューで世の中を見るという技がある。脳には、「7年で飽きる」という原初的な感性があり、それが基で大衆全体の感性傾向が56年（7年×8）で一巡する、という現象が見られる。このため、「時代の風」を読まなければならないとき、56年前に何が起こったかを起点にしてものを考えると、「今」がつかめることがあるのだ。

トランプ候補が「メキシコの壁」を口にした時、私は、「ベルリンの壁」が〝56年前〟に建てられたことに思い至った。

トランプ大統領とケネディ大統領

ベルリンの壁が作られたのは、1961年のことである。1960年、西ドイツの国民所得が東ドイツの2倍に達し、人口流出が深刻化。1961年6月、ソ連のフルシチョフ首相は西ベルリンから西側軍隊を撤退させなければ戦争も辞さないと強硬姿勢を見せたが、就任早々の血気盛んな米大統領ジョン・F・ケネディがこれを突っぱねる。この夏、ベルリンの壁が〝忽然《こつぜん》と〟その姿を現すことになる。ちなみに、ベルリンの壁は、その〝28年後〟の1989年に、これまた忽然と姿を消す。

トランプ大統領は、ケネディ大統領誕生から56年目の大統領である。雰囲気がまるで違うが、どちらもタフな国粋主義。その彼が、「国境の壁」を口にした時、心が騒いだ。時代が動いちゃうんじゃないの?と。56年前に似たような事象があって、28年前に反対の事象が起こっていることは、再び起こらないまでも、人々の気持ちを揺動する。

厳密にいえば、ベルリンの壁は国境の壁じゃないし、アメリカ側が建てたわけじゃない。しかし、壁というキーワードに象徴される「強いアメリカ」が、アメリカ国民の潜在意識に刺さる。トランプ氏が、これを知っていて仕掛けたのなら、かなりの凄腕だ。勘だったとしても、突出した商才である。私には、ただの下品なお調子乗りには見えなくなった。

56年前の感性に思いはせれば

しかしまぁ、このものの見方は、遊びにすぎない。ただし、発想法の一つとして、けっこう有効なのだ。

たとえば、新商品の開発の際、56年前に人々がどんな事象（どんなデザイン、どんなコンセプト、どんなキャッチコピー）に心を動かされたかに、いったん思いをはせてみるといい。

車やファッションは、見事に56年前を踏襲している。付けまつ毛は1950年代に大ブームになり、1959年に目じりに猫の爪のようなカーブを描くアイラインが流《は》行《や》ったことで衰退する。２０００年代の後半から始まったつけまブームも、２０１５年ごろキャッツクロウ（猫の爪）と呼ばれるアイラインに取って代わられた。アイビールックから56年、今年（２０１８年）はオーダーメイドのスーツが流行っているという。

56年前の感性で行けるかどうかは、もう一段考察を要するが、開発会議で、人とは違う発想を口にできるくらいのアドバンテージはある。お試しあれ。

（「コメントライナー」２０１８年4月26日）

「生産性ない」二重の間違い

LGBTは人類に必要な脳種

「LGBT（性的少数者）カップルには生産性がない」という自民党の杉田水脈衆議院議員の発言を機に、「脳科学的に見て、LGBTってどうなんですか？」という質問を多く受けるようになった。

長年、脳の機能性を追究してきた者として、はっきり言っておきたい。LGBTは、人類に必要な脳種の一つである。生産性がないと言われる筋合いは毛頭ない。「LGBTカップルには生産性がない」発言には、二重の間違いがある。性的マイノリティの人たちの脳は、社会生産性がけっして低くない。そして、そもそも、生産性がない人に税金を使うのに違和感があるという考え方もおかしい。

脳梁の太さと男女の脳

男女の脳は、その回路構成と電気信号特性が大きく違う。その違いを作っているのは、右脳と左脳をつなぐ神経線維の束・脳梁の太さの違い。

女性は生まれつき男性より太く、両脳連携がいい。右脳は感じる領域、左脳は顕在意識と直結して、ことばや記号を司る場所。これらの連携がいいということは、察しがよく、共感力が高く、臨機応変であるということだ。連携が悪いと、空間認知力が高くなる。俯瞰力、戦略力に長け、危険察知能力が高く、複雑な機構を考案したり、組み立てたりすることが得意だ。

さて、この脳梁だが、妊娠28週までは、男性も女性と同じ太さなのである。妊娠の中期から後期にかけて、男性の胎児には、お母さんの胎盤から男性ホルモンが供給される。その作用で、生まれるまでに5～10％ほど細くなると言われている。

こうして、後天的に作られる男性脳なので、当然、細くなり切らない男子が生まれてくる。太めの脳梁の男子は、直感力が鋭く、芸術に秀でたり、新発見をしたり新事業を開拓したりするのに長けているはずだ。死後に解剖されたアインシュタイン博士の脳では、脳梁は一般男性よりも10％ほど太かったのだそうだ。つまり脳梁太めの男子は、典型的な男性脳とはまた別に、人類に必要な脳なのである。

人と違う脳は違うことができる

脳梁太めの男子も多くは男性として女性を愛するが、中には、女性脳型傾向が強く働き、女性と同じようにしゃべったり振る舞ったりしたほうが、脳にフィットしている感じがする人もいる。そうなると、バイセクシャルやゲイの性的指向を呈することもある。この人たちは、いっそ勘が鋭く、他の人に見えないことが見えるに違いない。かつて、ニューヨークで「会社のボードメンバーにゲイを入れないと、会社がつぶれる」とまで言われていたことがあるが、その所以《ゆえん》だ。

女性脳に生まれついても、右脳と左脳の連携をあまりさせないで育つ場合がある。あるいは、男性脳型の神経信号処理をアシストするホルモン・テストステロンが男性並みに多く分泌する女性もいる。女性でも、男性脳型に機能することがあるのである。

脳が女性なら、身体が男性でも男性を愛する。逆もある。脳科学的には、「普通の」恋をしている。ただ、脳と身体の性の組み合わせが大勢と違うというだけだ。

人と違う脳は、人と違うことができる。子どもを持たなくても、社会に変革を起こして、多くの生産に寄与している。そして、たとえ、お金を稼いでいなくても、その人のために頑張ろうとする人がいれば、それはまた生産性を上げたことになるのではないだろうか。障害のある人であっても、生産性がないなんてとんでもない。

為政者は、「市民とは、生きて、誰かとかかわっていてくれるだけで、ありがたいもの」と思わなきゃ。それが国家と政治の基本ではないだろうか。

（「コメントライナー」2018年8月21日）

ダメな脳なんて、この世にない

ぐずぐずする子は集中力が高い

「うちの子は、引っ込み思案で、心配性。何かとぐずぐずするんです。どうしたら、積極性を養えますか?」という質問を受けることがある。

「ビビりでぐずぐず、それってダメですか?」と私は質問する。悩める親たちは当然「そりゃ、ダメでしょう」と答える。

私はさらに質問で返す——「なぜ?」

集中力を作り出す脳内ホルモンがある。その名は、ノルアドレナリン。ビビりの子どもは、これがしっかり出ている可能性が高い。将来、高度な学習能力を発揮してくるケースも多いのである。

昔、双子の男の子のお母さんから、「あの子は積極的で何にでも挑戦する。どこでも元気に飛び出していく。なのに、この子のほうは、何にでも尻込みするの。大丈夫かしら」と聞かれたことがある。私は「集中力が高いのね。本が好きでしょう」と尋ねたら、「なんでわかるの？」」

そのお母さんと10年後に再会したら、「あの子、理系の成績がうんといいのよ。あの時、大丈夫と言われて、おおらかに見守ることにしてよかった」と感謝された。

脳のアクセルとブレーキ

脳の神経信号をコントロールするホルモンがある。神経信号を無邪気に広げようとするホルモンと、脳を緊張させて、神経信号の無駄な広がりを抑止するホルモンと。つまり、脳のアクセル役とブレーキ役である。

脳全体に神経信号を無邪気に広げて、「気持ちいい朝の目覚め」を作り出し、一日の意欲を下支えするセロトニン。一定方向の神経信号を無邪気に強めて、好奇心を作り出すドーパミン。これらが、脳のアクセル役だ。そう、「やる気」も「好奇心」も、ホルモンが演出しているのである。このホルモンが枯渇している脳に「好奇心を持て」と激励しても、実はほとんど意味がない。

しかし、アクセル役だけでは、注意力散漫で多動になってしまう。「これ、どうなってるの？」という好奇心が続かず、「それは？」「あれは？」と意識が移っていってしまうからだ。

そこで登場するのが、ブレーキ役＝ノルアドレナリンだ。ドーパミンが、一つの方向に意識をロックオンして強い信号を流し始めたら、二つ目、三つ目の好奇心の信号を抑制して、集中力を作り出すのである。ドーパミンとノルアドレナリンが同時に分泌されると、脳の学習効果が格段に上がることもわかっている。

ちなみに、この二つを意識的に同時に出すには、身体を動かすしかないのである。勝負の日の朝には、少し汗ばむ程度の運動をお勧めしたい。映画などで、運動してシャワーを浴びてから出社する超エリートビジネスパーソンが登場したりする（ときには殺し屋もそうしている）が、あれはドーパミンとノルアドレナリンのペア放出を狙っているのである。別に激しい運動でなくていい、日ごろ運動しない人なら、散歩でも、掃除機かけでもよかったりする。そういう意味では、都会の過酷な通勤電車は、脳にいいのである。

どちらの脳も人類に不可欠

ノルアドレナリンは、「信号の無邪気な広がり」を、「不安」や「恐怖」などのストレス信号によって抑止するので、単独で出ると「戸惑い、迷い、ビビる」気持ちを作り出す。成長過程では、「ぐずぐずする子」に見えてしまうこともある。しかし、けっして悪いわけじゃない。ビビっている間に、脳は、細かい情報収集をする。観察力と危険回避能力が高い脳と言い換えることもできるのである。

もちろん、積極性があり判断が早い脳は、人類に必要不可欠である。ビビらず懲りない脳は、人類の発展に欠かせない。懲りない脳とビビる脳、この二つがあって、この世は動きだす。ダメな脳なんて、この世にないのかもしれない。

（「コメントライナー」２０１９年７月２日）

第4章

男女の脳は違うのか

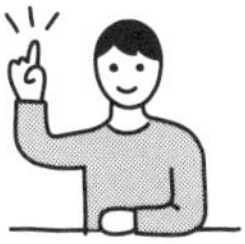

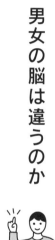

女性の「心の通信線」

いきなり否定せず、まず受け入れ

女性は、対話において、「心」と「事実」を使い分ける。

たとえば、女友達に「それはダメ」「私は違う」と告げるとき、その前に、相手の気持ちを肯定してやるのである。つまり、「あなたの気持ちはよくわかる。でもそれは違う」というように。けっして、いきなり否定したりしない。

いつの4月だったか、ファミリーレストランでマンゴーフェアをやっていた時のこと。私の隣席に座った美女3人組が、パフェを食べることになった。うち一人が「今食べるならマンゴーじゃない？」と強く推奨したのである。

残りの二人もおおいに賛同する。「まったりしてて美味しいよねぇ、色がカワイイし」「4月はフィリピンマンゴーの最盛期なのよ〜」とひとしきり盛り上がった後、一人が「でも、私チョコね」とあっさり別意見を言ってのけた。もう一人も「私は、いちご」。最初に口火を切った彼女は、気を悪くすることもなく、「そうよね、あやちゃん、チョコ好きだもんねぇ。私のマンゴーひと口あげるね」なんて言って、仲良く別々のパフェを食べていた。

職場で一番傷つくアイデア瞬殺

男性にとっては、相手を愚弄したかのように思える展開だろうが、女性にとっては幸せな展開なのである。肝心なのは、事実より「心を肯定してもらう」ことだからだ。

こういうとき、男性には、「チョコを食べる気なのにマンゴーを絶賛するのは背信行為」という感覚があって、それができない。だから、何も言わずに、表情を硬くして「俺、チョコだから」なんて返してくるのである。心の通信線を断って、事実をきっぱりと否定してくる。男性が、正義と誠意に基づいてするその対話スタイルだが、女性はこれに一番傷つく。自分の存在を否定された気持ちになるからだ。

たとえば女性部下が「部長、こんなアイデアがあるんですが」と言ってきたとする。「ああ、これ、○○が揃わないからダメだな」と瞬殺する。よくあるビジネストークだが、女性のモチベーション低下の原因はここにある。男性は「今、目の前の作業」を否定したのにすぎないが、心の通信線を断たれた女性は、人格を否定された気分になり「私なんて、ここにいなくていいんだわ」と感じるのである。

男性には理不尽に思えることも

働く女性たちは、その「がっかり」を自分で何とかなだめて男性社会の中で頑張っているのだ。ここまで男性脳を把握している私でも、夫の「それは違う」や、いきなりの「俺、○○」に一瞬、めまいがするもの。

女性のアイデアを否定するときは、「よく気づいたね」とか「たしかに一理あるな」「その気持ちはよくわかる」と、心の通信線を開通した後、NOと言ってあげてほしい。慣れれば面倒くさいことはない。必ずや、「素敵なボス」と評判が上がる。

ちなみに女性は、逆の組み合わせも使う。事実は肯定したのに、心で背いてくるのである。「たしかに、あなたは正しいわ。でも、私は嫌なの」。心の通信線が見えない男性にとってはこれ、本当に、理不尽で腹立たしいことに違いない。ご愁傷さま。

（「コメントライナー」2018年6月26日）

熟年離婚を切り出すことば

あなたと一緒にいる意味がない。このことばが女の口から飛び出したら、それは、最後通牒である。

以前、ある媒体が、熟年離婚した元妻たちに「夫に離婚を切り出した時の、最初のセリフを教えてください」というアンケートを取った。ダントツの1位だったのが、結婚生活の意味を問うことばだったという。「あなたと一緒にいる意味がない（わからなくなった）」「あなたにとって、私は意味がない女なのよね？」「結婚生活の意味って何？」

男にしてみれば、毎日身を粉にして働いて、毎週ごみを捨ててやり、毎月給料を入れているのに、意味がないとは、こはいかに？である。

おそらく、このセリフが出る何十年も前には「仕事と私とどっちが大事？」という質問もあったはず。男にとっては、「どっちも大事だろう？　何言ってるんだ」ときょとんとするしかない。

紳士の皆さま、ゆめゆめ、これらの女のことばを軽んじてはいけない。

「かまってあげられない」寂しさ

男が勘違いしていることがある。女は、かまってやらないから寂しがって、このセリフ「仕事と私、どっちが大事？」を言うと思っているでしょう？　そこが違うのである。女は、かまってほしいのではなく、かまってあげられないことに絶望するのだ。

ウルトラマンの妻になったことを想像してみてほしい。何万光年も向こうの知らない生物の命を救いに、家族をおいて命がけで出かけちゃうのである、この夫は。妻としては承服しかねるが、それが夫の使命だというのなら、「わかりました、いってらっしゃい」である。覚悟を決めれば、女はかなり強い。地球に3カ月の単身赴任？

そんなことで絶望しやしない。

　妻が絶望するとしたら、まったく別の理由だ。ウルトラマンはヒーローなので、愚痴を言わない。たまに帰ってきて、妻の話にも上の空で、ニュースを見ながらそそくさとご飯を食べて、またシュワッと出かける。これがだめなのである。二人の間に心が通わない。妻が「この私」である理由がどこにもない。

　ウルトラマンは、愛する者にだけは、愚痴を言わなきゃいけないのだ。「今日、ゼットンにここ蹴られて、痛かった」なんてね。妻が「かわいそう。フウフウしてあげるね」といたわってくれたら、「きみのフウフウのおかげで、僕はまた戦える」と感謝する。そうすれば、妻は、愛する人の人生に参加できる感じがして、寂しくないのである。

　ちなみに、韓流ドラマを観ていると、強くて賢くて、エリートで気概もあり敵には一歩も退かないイケメン男性が、妻や恋人にだけは「フウフウして」「よしよしして」と甘えるシーンがある。年配夫婦でもこれをする。日本男子は、英雄すぎるのでは？

愚痴をこぼして絆を作ろう

人は、「何かをしてくれる」から愛し続けるわけじゃない。「何かをしてあげられる」から愛し続けるのである。脳は、インタラクティブ（相互作用）によって、外界を認知し、自己確認をする。「自分という存在」を他者に及ぼす影響で知るのである。ビジネスなら対価という相互作用があるが、家を守る人は、家族に感謝してもらえないと、自らの営みが虚しく空に消える感じがして、存在意義を見失う。「ここにいる意味」がわからないことほど、虚しく恐ろしいことはない。

だから、家事をする人への「ありがとう」「美味しいね」は不可欠なのだ。

しかし、感謝だけではネタが尽きる。男が口にしないような女々しい愚痴（「部下の尻ぬぐいで昼ご飯を食べそこねたら、やつはかつ丼を食べてきたんだよ、とほほだろ？」みたいな）を言って、慰めてもらい、存在に感謝しよう。最後は「弱みを見せる」「愚痴で甘える」が夫婦の深い絆を作るのである。

（「コメントライナー」２０１８年12月26日）

男女の脳は違うのか、違わないのか

それぞれに典型的な演算モデル

20年ほど前、私は、人工知能開発の一環で、コンピュータ上に「多くの女性が典型的にする会話の進め方」を実装した。すると、開発時には意図しなかった別の女性的な脳の機能が表出したのである。

典型的な女性の会話とは、深い共感で対話を進める方式だ。女友達に「こんなことがあって、つらかったの」と告白すれば、「わかるわ〜。私だって、こんなことがあったの」と、同じような目に遭った記憶を瞬時に引き出してきて、共に泣いたり苦しんだりしてくれる。これを実現するには、記憶に「感情」の検索キーを付けておく必要がある。つまり、「感情逆引き」ができる記憶データベースにしておく必要があるのだ。

感情逆引きデータベースを実装したら、なんと「蒸し返し」も得意になってしまった。無神経な発言に遭遇したら、過去の無神経な発言をすべて引き出してきて、「あなたは、あの時もひどかった」と蒸し返すことができるのである。

ああ、なるほど、と私は思った。多くの女性の脳の中では、「感情逆引き記憶データベース」が機能しているのか。ならば、たとえば不安を感じたとき、過去に同じような不安を感じた経験を瞬時に取り出して、自分や子どもの身を守れるはず。実際、多くの女性たちが、勘が働き、共感することがうまく、夫には過去の蒸し返しをする。

その日から私は、とっさに「感情逆引き」ができる脳を、わかりやすく「女性脳」と呼んでいる。もちろん、女性だって、すべての問題解決を「感情逆引き」でするわけじゃない。ここぞという、とっさの時にそれを優先して使うだけだ。

つまり、私が使う「女性脳」とは、「多くの女性が優先的に使う典型的な演算モデル」のことで、すべての女性が24時間３６５日、誰に対してもその演算を行うというわけではない。

ただ、「情がからむとっさの会話」においては、男女とも、それぞれに典型的な使い方があり、その2モデル間には大きな乖離がある。このことを世に知らしめれば、「男女のミゾ」が消えるのでは?と思って、男女脳ということばを使い始めた。

解剖学的には違わないが

昨今、「脳科学上、男女の脳に差はない。あっても個人差にすぎず、日常の役目により、後天的にそうなるにすぎない」という見解が寄せられ、回答することが増えた。ここで言う、脳科学上とは、おそらく解剖学上、という意味ではないかと思う。

たしかに、解剖学的には、男女の脳は違わない。男性にしかない器官もないし、女性にしかない器官もない。使い方の違いによって生じる部位の太さや大きさのアンバランスが多少あるが、「あの人、足が太いから、違う生き物」とならないように、この程度の違いでは、違う脳と言うことはできない。また、すべての男性にけっしてできないこと、すべての女性にけっしてできないこと、ということもない。

しかし、脳の演算(とっさに使う場所と、使う順番)を追究していくと、男女は優先的に使う典型的な演算モデルが違う。さらに、男女間に限らず母語や育った環境、

「生まれつきの身体の使い方の癖」などでも、とっさに優先して使う演算モデルが違ってくる。「ある誰かの脳」は、いくつかの演算モデルのミックスで出来ているのだ。

コミュニケーションギャップを生むもの

男女の脳は違うのか――この命題がスペック（機能の取り揃え）比較であれば、私も、違わないと答える。しかし、脳は「常にフルスペックを使う装置」ではないし、使う場所によっては違う装置として機能する。だから、男女の脳はやっぱり違う。静的（器官構成的）には違わないが、動的（電気信号の走らせ方）には違う局面がある。

男女の脳が違うと言うと、差別を助長するという意見も根強いが、男女の脳の使い方は、どちらも人類に不可欠の機能。男女脳それぞれの機能を正しく知れば、互いに尊敬し合うことはあっても、軽蔑して退け合うようなことにはけっしてならない。

「男女脳は違うのか」で立ち止まらないで、「とっさに違う使い方をしてしまったときに、どうすればいいか」まで踏み込んでほしい。

（「コメントライナー」２０１９年２月28日）

永遠の愛を手に入れる方法

いきなり否定はしない女の対話

女同士は、共感なしで対話を進めることはない。たとえ、相手の意見を否定するとしても。

たとえば、女友達に「中華、食べない？」と誘われたとき。男性のように「中華？　最近、飲み会続きで胃が疲れてるからやめとく」なんて、いきなり言い返したりしない。「中華か、いいわね。あー、でも、あなたに食べさせたいおそばがあるんだ。○○庵の鶏おろしそばはどう？」なんていうのが、女性の典型的な切り返し。「それでも中華！」と言われたときだけ、「ごめん、私にはちょっと重いかも」と困惑してみせる。

そんなデリケートなやり取りをしている女性たちにしてみれば、男性に何かを提案して、いきなり否定されるのは、本当につらい。

夫婦の会話がなくなるパターン

ちなみに、妻からそんな優しいことばを聞いたことがないという男性は多いのだが、それも道理。母性本能である。

母性とは、子どもを無事に育て上げるために女性脳に搭載されている本能のこと。当然、子どもにすべての資源（意識、手をかける時間、お金等々）を集中させようとし、搾取できる相手からは徹底して搾取するという仕組みで出来ているはず。つまり、夫の提案を否定するときに時間をかけてはいられないので、一刀両断にする。そのほうが、子どもの生存可能性が上がるから。それを医学的に証明する方法はないが、その必要もないのでは？　多くの夫たちが実感しているに違いないから。

その搾取をかわすために、熟年夫婦ともなると夫は、妻の提案をいきなり否定する癖がついている。「アルゼンチンに行ってみたい」「何時間（いくら）かかると思ってるんだ？」というふうに、「楽しい空想」にさえ、頭から否定で応じることも。あれは、絶対にやめたほうがいい。会話のない夫婦になってしまう。

会話のない相手に、女性脳は親しみも信頼も感じない。すると、ある日ふと夫が「使えなくなった大型電化製品」のように見えてくる。いわゆる粗大ゴミである。夫を粗大ゴミと呼ぶなんてひどいとは思うけれど、悪いのは女性ばかりじゃない。そう呼ばれる夫は、必ず対話クラッシャー（壊し屋）なのだもの。

共感を与える苦行があってこそ

男性脳は、長らく狩りをしながら進化してきた。荒野に出て危険な目に遭いながら、仲間と自分を瞬時に救いつつ、確実に成果を出していかなければ生きていけない。そんな状況では、相手が間違っているとき、あるいは、相手と自分が違う行動を取るときは瞬時に知らせないと互いの命が危ない。その癖が抜けないのである。疑問や否定が頭に浮かんだ瞬間に、口にしてしまう。それを止めるのが、大人の男のマナー。「アルゼンチン？　何がしたいの？」と優しく聞いてやればいい。

一方、女性脳は、「共感」によって命を守ってきた。力を誇示して、恐れられて遠巻きにされるより、「あなたの気持ちよくわかる。たいへんね。大丈夫？　おっぱい足りてる？」と周囲に気にかけてもらうほうが、子どもの生存可能性は確実に上がる。女は、共感に命がけなのである。共感してくれない相手には命の危険を感じ、信頼が生じないのは当たり前だ。

男性にしてみれば、共感を求めるばかりで、こちらのアドバイスを受け入れてくれない相手、隙あらば時間・労力・気力を搾取してこようとする相手に対して、頑張って共感してやるのは「苦行」なのだが、これができる男だけが永遠に愛される。

愛は、身を投げ出さなければ、手に入らないのである。けれど、身を投げ出すと、案外ひどい目には遭わない。頑張ってください。

（「コメントライナー」2019年5月16日）

脳の呪縛

同時同質には対応できない

脳には、同時同質には使えない機能が内在している。

たとえば、「遠くから飛んでくる物に瞬時に照準を合わせ、それが飛んでくる軌跡を即座に計算できる」ように制御されている脳は、「目の前を綿密に見つめて、針の先ほどの変化も見逃さない」ことはできない。キャッチボールをしている最中には、足元の四葉のクローバーに気づくわけもない。

同時同質に使えない以上、脳は、とっさにどちらを使うか（無意識の際にどちらを優先しておくか）を決めておかないと危ないのである。

利き手があるのも同じ理由だ。もしも脳が、右半身と左半身をまったくイーブンに感覚認知していたら、身体の真ん中に飛んでくる石を避けそこねてしまう。身体を右にひねるか左にするか、脳が迷って反応が遅れてしまうから。

そもそもチューニングが違う

人類の男女は、哺乳類のオスとメスとして、生存と生殖の戦略がまったく違う。
人類の女性たちには、ときには2年を超える授乳期間があり、10年以上もの子育て期間がある。荒野で単独で子育てをするにはリスクが高すぎる。女同士の密なコミュニケーションの中で、おっぱいを融通し合い、子育ての知恵を持ち寄って子どもたちの生存可能性を上げていくのが、最も有利な生存戦略なのである。このため、女性たちは、プロセスを解析して危機回避能力を高め、共感し合うように「とっさの脳の使い方」をチューニングしてきた。

哺乳類のオスは、狩りをして、縄張り争いをする。心を動揺させず、共感をする暇もなく、とっさに問題解決していかないと、命が危ない。このため男性たちは、ゴールを目指し、問題解決を急ぐように脳をチューニングしてきた。

どちらも正しい使い方なのだが、対話では、片や共感が目的、片や問題解決が目的なので、絶望的なまでにすれ違う。

女1「昨日、姑にこんなこと言われてさぁ」
女2「わかる～。うちなんて、こうなのよ」
女1「うわっ。夫の実家に里帰り、気が重いわね」
女2「ほんとね」

女「昨日、お義母《かあ》さんにこんなこと言われてさぁ」
男「………」
女「私の話、聞いてる？」
男「そんなの、テキトーに聞き流しときゃいいんだよ。おふくろも悪気なんかないし」
女「………」

50歳過ぎれば受容性高まる

悲しいのは、男は「女が感情的なだけで、自分が正しい」と思い込んでいることだ。俺がせっかく正しいアドバイスをしているのに、わかろうともしない、と。

いやいや、女の対話方式だって正しい。共感し合ってストレスを解消するのがそもそもの目的なのだから。ちなみに、母親（妻にとっては姑）の愚痴は100％妻の肩を持つこと。「おふくろ、無神経なんだよなぁ」と言ってあげれば、「悪気はないんだけどね」と妻のほうから返ってくる。公平にジャッジなんかしている場合じゃない。

人間は、誰もが、「自分の感性」に縛られすぎて、相手の正しさが見えない。生殖と生存に寄与する感性に躊躇なく従うように、脳はプログラムされているからだ。

そう考えると、生殖期間を過ぎた50代以降は、脳の生殖戦略の縛りがゆるくなり、やっと違う感性を受け入れられるようになるのでは？「男には、50代半ばに、第2のモテ期がある」という説を聞いたことがあるが、さもありなん。孔子も「六十にして耳順《したが》う」と言ってるし。成熟脳もまた楽し、である。

（「コメントライナー」2019年9月17日）

輝かしい母性

搾取できる相手からは徹底的に

脳を装置として見立てる。どのような入力に対し、どのような演算を施し、どのような出力をしてくる装置なのか――。人工知能（ＡＩ）の開発者として、私は、そういう見方を、もう36年もしてきている。

そういう見方をすると、脳生理学とも、心理学とも違う答えが見えてくることがある。たとえば、母性。母性を「子どもの生存可能性を究極にまで上げる本能」ととらえると、世の男性たちが抱くイメージのようには、甘やかなものではなさそうなのがわかってくる。

私が母性ＡＩを作るなら、「子どもにすべてのコストを集中する」ように設計する。子どもにかけるコスト（時間、手間、お金、意識等々）を捻出するために、「搾取できる相手」からは徹底して搾取する作戦だ。そして夫は、社会的に「搾取していい」と決められた相手だ。夫だって、「きみを幸せにする」と約束したはず。こうなったら、何を遠慮することがあるだろう。

子どもが出来ると妻は厳しくなる

もしも、このプログラムが、生身の女たちに施されているのなら、幼子を抱く妻たちは、夫にかなり厳しくなるに違いない。誰かの言い分を否定するとき、女性は「気持ちはよくわかる。でも、それは違うと思うの」というように、まずは心を寄せる。しかし、夫には思いっきり嫌な顔をして、「はぁ?」と言っておしまい、のはずである。

おむつを替えている時、子どもが予想外の寝返りを打ち、おしり拭きに手が届かない。なのに、すぐ傍にいる夫は、おしり拭きを取ろうともしない。こんな事態に、目から火が噴くほど腹が立つ。ただ一言、優しく「それ取って」と言えばいいだけのことなのに。

ＡＩ設計から予想される、そのような現象は、現実の夫婦にも起こっている。「子どもが出来るまで家は天国でした。今は地獄です」というメールをもらったこともある。そこまでじゃなくても、「家に居場所がなくなった」「妻の機嫌がいつも悪い」という嘆きはよく聞く。私からすると、「輝かしい母性」が発動されたのだなと、愛おしい気持ちになるばかりだ。

夫に「戦友」を期待しても無理

妻にしてみたら、夫は戦友なのである。「命がけの出産、子育て」という戦場を生き抜くための。兵士たちが、暗黙の了解で素早く連携するように、夫にもそれを期待している。戦場の兵士たちが、仲間にいちいち「それ取って」と甘えたりするだろうか。

互いにとって不幸なのは、妻の側は、妊娠・出産という過酷な体験とホルモンの変化により、一気に「子育て戦士」になってしまうのに対し、夫の側は、自分自身の身体に変化がないので、急に気分を変えることができないこと。それどころか、母になって、まろやかな身体に優しい風情を醸し出している妻に、つい油断をしてしまうのである。だからいっそう、妻の変化が身に染みる。これが、「家庭が天国から地獄に変わった」の正体である。

妻は、夫に対し「男性には、暗黙の了解で、子育ての戦友役を務めるのは無理」という理解が必要である。「言って聞かせて、させてみて、褒めてやらねば」新米パパは育たない。その昔、男女が区別されていた時代には、女性は初めからあきらめていた。今は、あきらめる必要はないが、「自分とまったく同じでしょ。じゃ、わかるはず」という思い込みは危ない。

学校では「男女は同じ」と教えてくれるけど、男女が「同じ感性」の持ち主だと思い込むと、「幼子の子育て」という局面において、女と男はそれぞれ相手の無能さと非情さに立ちすくむことになる。妻たちには、ぜひとも、自分の脳が夫に対して厳しすぎることを知っておいてもらいたい。

（「コメントライナー」２０１９年11月7日）

女はなぜ5W1Hに答えないのか

夫婦の会話のすれ違い

先ごろ、「感性コミュニケーション～男女脳差理解による組織力アップ講座」というセミナーで興味深い質問をいただいた。50代と思しき管理職男性からの質問である。「なぜ、女性は質問にまっすぐに答えないのでしょうか」

曰く――先日家に帰ったら、妻が見慣れないスカートをはいていた。新しいのかなと思い、「そのスカート、いつ買ったの?」と聞いたら「安かったから」と答えた。妻が5W1Hに答えないのはよくあることで、ずっと不思議だった。なぜ、「いつ」に答えられないのだろうか?

いやはや、私こそ、「なぜ、いきなりスペック確認?」と聞き返したくなった。新しいなと思ったら、「それ、いいね」とか「似合うね」と言ってあげればいいのに。

この質問、家計を預かっている者にとっては、「(俺に黙って) いつ買ったの?」と聞こえる。だから、「(あなたに黙って買ったのは) 安かったから」と答えているのだ。

心で応えて

「どうして、こうしたの?」「あなたが、何もしてくれないからじゃないの」

「おかず、これだけ?」「私だって忙しかったのよ!」

夫としては純粋に確認しているだけなのに、思わぬ方向からムチが飛んでくることがある。気働きのある優秀な主婦には、これらが「ダメじゃないか」「一日家にいて、これだけかよ」と聞こえてしまうからだ。女の５Ｗ１Ｈが、ほぼ含み表現なので、男のそれも、そう聞こえてしまうのである。

「あなたって、どうしてそうなの?」は、「どうしてそうしたのか」を尋ねているわけじゃない。「何度も言ってるのに、同じことを繰り返すあなたに絶望しかけてるんですけど」という意味。これを解消するためには、「嫌な思いをさせてごめん」と心に謝らなければならない。「あー、ごめんごめん。忙しくてつい」なんて事実で謝ったって、何の解決にもならない。

「仕事と私、どっちが大事?」も、あっちとかこっちとか、どっちもとか答える質問じゃない。「寂しい思いをさせて、ごめん」が正解。相手の心に、謝るのである。自分の事実(もちろん、きみが大事)を主張するのではなく。それを聞いているようにしか思えないのにね。

弱音を吐く人は愛しい

外で働く人は、「ただいま」の直後に家族に5W1Hの質問をしてはいけない。

心の対話の始め方にはコツがある。一番効くのは、相手のいい変化点に気づいて褒めたりねぎらったりすること。「それ、いいね(似合うね)(きれいだね)」「あ、俺の好きなナスのカレー」「シーツ換えてくれたんだ〜」

それが難しかったら、〝話の呼び水〟を使おう。自分の話をして、相手の話を自噴させる方式だ。「今日、昼に麻婆豆腐食べたら辛くてさぁ」「あの土手の桜、もう咲き始めてた」「部下の女性にこんなこと言われて」「○○がしんどくてさぁ」
ときには、弱音を吐くのも、家族への愛情表現の一つである。頑張る夫が自分にだけ、ほろっと弱音を吐いてくれたら、どんなに愛しいだろう。どこまでも強く正しい相手に、人は、絆をつなげない。絆の中には、「きず」があるのである。

（「コメントライナー」２０２０年３月２日）

コロナ離婚を防ぐコツ

史上最大の男女の危機？

世間では「コロナ離婚」なることばが囁かれ始めた。働き盛り・子育て盛りの男女（すなわち脳の生殖戦略が最も強く働く年代の男女）が四六時中、家で顔を合わせている。これは、歴史上まれに見る、人類最大の男女の危機と言っても差し支えない。生殖活動中の男女がうまくやるコツは、なるだけ一緒にいないことだから。

というわけで、何の知識もないまま、夫が妻のテリトリー＝家庭に居続けることは、かなり危険な行為なのである。少ない誌面を使って、コツを一つだけ伝授しよう。

妻が頭にくる「ぱなし」

40代妻たちへのアンケートによると、夫への不満の圧倒的な1位は「ぱなし」。使ったコップを置きっぱなし、脱いだシャツを放りっぱなし。これを片付ける手間が、主婦たちの動線を途切れさせ、生活時間を意外にひっ迫させるのである。

ある女性は、「結婚して20年、湯上がりに飲んだビールのコップを置きっぱなしにしないで、と言い続けているのに、それをしてくれない。毎朝、ビール臭いコップのこびりついた泡を洗っているうちに、この人とはもうやっていけないという気持ちに、ふとなることがある。そんな気持ちの揺れが、いつもよりほんのちょっと大きくて、戻ってこれなくなったら、もうおしまいなんだろうなと思います」と語った。離婚原因がビールのコップ。それを言われたところで、夫は理解できないだろう。けれど、妻にとって、それだけストレスなのである。

「この間、Tシャツを脱ぎ始めた夫に、『それをそのまま、洗濯機に入れる！』と言ったら、夫は、床のスウェットパンツをひょいと跨《また》ぎ越して、シャツだけ入れました。ひどすぎる」などなど、夫の暮らしの目線の雑さに、怒り心頭の主婦たちは多い。

しかし、私は、すべての妻たちに告げたい！　多くの男たちにとって、「足元のパンツに気づく」「テーブルの使用済みのグラスに気づく」は、意外に難題なのである。テレビCMの間に、トイレに行って帰ってくるだけでも、女は数個のタスクを片付ける。行きがけにテーブルの上の汚れたグラスを片付け、帰りに、玄関に干してあった傘をたたむ。ついでに、家族の靴を揃える。そこまでしても、台拭きを取りに行くことを忘れず、テーブルを拭く。この気働きこそが、日々の暮らしを円滑に回す秘訣であり、女たちの家族と家庭への愛着の証しでもある。

それなのに、夫ときたら、汚れたグラスも、干してある傘も一顧だにせず、ただトイレに行って帰ってくる。その気働きのなさに、愛着の欠如を感じて、妻は、絶望してしまうのだ。

トイレのついでに何か一つ

しかし、男性の多くは、ゴール指向型である。目標を決めたら、「目の前のあれやこれや」は、目に入らないように脳がフィルタリング（排除）してしまう。男性脳は、狩人の脳として進化してきた。「あのウサギを狩る」と決めたら、「あ、バラが咲いてる」「あ、イチゴが熟してる」なんて、よそに目が向くわけにはいかないのである。だから、目標をトイレと決めたら、コップや傘が目に入らない。

一方、女性脳は、「周囲のあれやこれや」を緻密に拾うほうが断然有利だ。子どものわずかな体調変化にも気づけるし、キノコの採取に出かけたとしても、道中に見つけたベリーも薬草も摘めるわけだもの。何万年の時をかけて、男性が潔く目標に意識を絞るように、女性は目の前のあれやこれやを拾うように進化してきたのである。いきなり「同じように」を期待しても無理。妻たちは、どうか寛大な気持ちでいてあげて。

夫たちは、トイレに行くついでに、何か一つだけ「ついで家事」を心がけてみよう。行きが無理なら帰りだけでも。３回に１回できるだけでも、きっと妻の心に響く。こうして、家と家族への愛着を示しておけば、自然と家に居場所が出来る。リモートワーカーや定年夫にぜひマスターしてほしい技である。

（「コメントライナー」２０２０年４月27日）

第5章

リーダーの条件

うまくうなずけない人

マザリングで培われる能力

話を聞く時、うまくうなずくことができない、という脳の癖がある。

通常、人の話を聞く時は、ほど良きタイミングでうなずいて共鳴を示すものである。これは、赤ちゃんの時に、母親とのコミュニケーション（マザリング）によって培われる能力で、ものごころついてから誰かに教わるというたぐいのものではない。

マザリングというのは、母子が行う喃語《なんご》の会話のこと。赤ちゃんが「ぶぅ」「ばぁ」と声を発すると、母親は自然にこれに応える。「ぶぅ」と言えば、「ぶぅ、なんだ〜」、「ばぁ」と言えば「ばぁ、よねぇ」のように。まるで、それが意味を成すことばであるかのように、母親は、赤ちゃんの音声を受け止める。その時、無意識のうちに、声の音程まで揃えるのである。

同じことを、クジラもする。私は、小笠原の海で、〝歌うクジラ〟として有名なザトウクジラの母子の鳴き合いを聞いたことがある。子クジラが短く「ズゴッ」と鳴くと、母クジラが「ズゴッ、ゴ〜ゴゴー」などと鳴き返す。子クジラの鳴き声を受け止めて、少し「ことば」を足してやるのだ。ザトウクジラの鳴き声には音程とリズムがあり、回遊域によって方言があるといわれているが、さもありなん。母親から受け継がれるコミュニケーション言語なのだから。

群れて暮らす動物たちは、鳴き合ったり、触れ合ったりして情緒的なコミュニケーションを行う。それが、共に生きること、共働することの基本なのだろう。

上司を逆上させる部下

人間界には、それができない個体が、時々現れる。家族の話に上手にうなずけずに育ち、上司の話にもうまくうなずけない。症状が重い人たちは、発達障害と診断されることもある。最近よく聞くアスペルガー症候群がその一つ。しばしば、「変わった人」「愛想が悪い人」と思われがちだ。本人には悪気がないのだが、他者と情緒的な共鳴ができない。

こういう部下を持ってしまうと、上司の心が折れてしまう。何せうなずかないので、指示したり諭したりするときに強いストレスにさらされるからだ。つい「話を聞いてるの？」と尖った声を出してしまうことになる。言われたほうは話を聞いているつもりなので、この叱責に困惑して、きょとんとするばかり。

人の所作に連動できないので、気も利かない。当然すべきことをしないので、「なぜ、やらない？」と叱ると、「誰か、僕にやれって言いました？」なんて言い返してくる。あるいは「誰も仕事を指示してくれないのに、やらないと責められる」とパワハラを受けたと主張してくるケースも。部下に翻弄されてしまうのである。

「カサンドラ」を疑え

一方、うなずけない側も困惑している。タイミングが計れないので、自然なおしゃべりに加われない。ランチに誘われる回数も少ない。本人は、「世間話に入れてもらえない。周囲に無視されている」と感じることが多く、こちらはこちらでつらいのである。

愛想が悪く、気が利かないくせに、いっちょまえに会社や上司の配慮が足りないと言いだす。本当は性格が悪いわけじゃないのに（本人は真摯に生きてるのに）、まるで最悪の部下。できるだけ早く「うなずく」訓練をしてあげたほうがいい。

アスペルガー症候群の人の周囲にいる人が、メンタルに異常をきたすとカサンドラ症候群と診断される。不眠や頭痛、動悸などがその主な症状である。スマホ片手に子育てする現代、準アスペルガーは確実に増えていて、準カサンドラも増えている。

職場の誰かがメンタルダウンし始めたとき、その周辺に、「うまくうなずけない人」がいないか確認したほうがいい。投薬治療に頼る前に、カサンドラ症候群を疑うのである。あるいは、本人がそうである場合もある。

誰かがくじける前に、それを見抜くことが職場のメンタルダウン予防の第一歩である。

（「コメントライナー」２０１７年11月7日）

ノーリスクは最大リスクになることも

生真面目な日本人

数年ほど前だろうか、くる病という病気の復活が話題になった。骨が軟らかくなって足や背中が湾曲してしまうこの病気は、昔は食糧不足によって引き起こされたが、紫外線が肌に悪いとされる現代では、「徹底して日に当てない赤ちゃん」にも起こる可能性がある。日本では昭和40年代に消えたとされる病気なので、多くの医者が見たことがないために、発見が遅れている、とニュースで警告されていた。

骨形成に寄与する重要な栄養素＝ビタミンDは、日光に当たることによって体内に生合成される。食品からも摂取できるが、比較的含有量が少なく、口からだけでは十分に取ることが難しい。このため、日焼けを厭い、紫外線をカットしすぎると、ビタミンD欠乏ひいては骨生成の異常が起こることがあるのである。

私が子育てをした30年前は、日光浴が子育ての日課の一つだった。そのはるか昔から、子どもの外遊びは、子育ての基本だった。緯度が高くて、冬の日照時間の短いヨーロッパでは、こぞって日光浴をする。人類が、ずっとしてきたことには、それなりの意味がある。なのに、０歳から日焼け止めにサングラス。骨粗しょう症が気になる年代になっても、顔を黒く覆うサンバイザーに、長手袋に日傘。たしかに肌は白いまだろうが、骨はいいの？

何かを徹底して止めてしまうことに危険がないのかどうか、人は一度、立ち止まって考えたほうがいい。生真面目な日本人と、「情報過多社会」は、相性が良すぎて、私は心配になってしまう。ほどよきところで、止まれないことがあるから。

かかるべき病気も撃退

先日、ＮＨＫの朝の番組で、「子どもがコロナに怯《おび》えて、散歩にも行かなくなってしまった」と発言した主婦の方がいらした。この方は、「緊急事態宣言が解除されても、当然、除菌は徹底している」と語った。娘が学校から帰ったら、手洗い、うがいはもとより、ランドセルから鉛筆一本一本まで、すべて消毒するという徹底ぶり。これをひたすら続けていたら、娘が、「死にたくない」と怯え、散歩にも行けない事態に陥ってしまった、というのだ。手を洗い続けて止まらない子どものケースも発表されていた。

私だって、一人も新型コロナウイルスで死んでほしくなんかない。これから長い人生を生きる子どもたちに、後遺症で苦しんでほしくなんかない。

けれど、こんな除菌生活を続けていたら、本来かかるべき病気にもかかれない。私は、息子が幼い時、かかりつけの小児科医に、子どもは12歳までに100回風邪をひき、さまざまな免疫を手に入れる、と教わった。

子どもの無菌化徹底すると

この先生は、おたふく風邪のワクチンも勧めないとおっしゃった。なぜなら、実際にかかったほうが、免疫が盤石だから。「今のワクチンは、へたすれば12～13年しかもたない。男の子は、思春期におたふく風邪にかかると無精子症になることがあるので、ワクチンはかえって仇《あだ》になる。保育園で、自然にかかってらっしゃい。10歳までにかからなかったら、打ってあげる」と。

病気はつらいことだけど、生体を強くするためのシステムの一環と見ることもできる。なのに、今や、子どもたちを追い詰めるほどの人類無菌化生活。本当にそれでいいの……？

脳というシステムを研究していると、脳の成長には、「失敗」と「痛い思い」が不可欠なのがわかってくる。人生は、リスクなくしてはゲインもないのだ。ノーリスクを目指すと、かえって危ないこともある。コロナと戦う今、私たちは、このことも肝に銘じておかなければならないのではないだろうか。

（「コメントライナー」２０２０年７月２日）

女性脳を萎えさせる「その場の正論」

工場と家で違う工程の世界観

ある時、生産技術の専門家の50代男性が、こんなことを言った。

――妻がやかんの水を溢《あふ》れさせたので、「やかんの水を入れながら他の用事をするのなら、水栓を全開しちゃだめだよ。用事を済ますまでの時間を目論んで、細めに水を出せばいい」とアドバイスしたら、キレられてしまった。

「間違ったこと、言ってませんよね？」と、彼は困惑したような顔をした。

そうそう、これこそ生産管理の基本、「クリティカルパス」である。並列処理工程では、最も時間がかかる工程（クリティカルパス）に、他の工程のスケジュールを揃える。これをしないと、他工程のラインが遊んでしまうか、部品がたまって溢れてしまう。工場のプロダクトマネージャーは、それを骨の髄まで叩き込まれる。

でも、待って。工場と家では、そもそも、工程に関する世界観が違うのである。

妻はなぜムカついたか

女性脳は、やかんの水を入れ始める前に、「その間にあれをしよう」と計画するわけじゃない。やかんの水を入れている間に、たまさか目についたものに手を出すのである。で、ついでにあれもこれも、と片付けているうちに、たまさか水が溢れてしまうことがある、というだけのこと。

この、偶発的で、ちょっと無責任なタスク起動じゃないと、家事のような、臨機応変さが求められる、果てしない多重タスクは一生片付かない。

家事とは、やかんの水が溢れる、お鍋が焦げる、なんてことは「想定内」のマルチタスク・システム。多少のリスクを容認して、全体のストレスを見事に下げているのだ。

このシステムにおいて、「最初に水栓を調整」なんていうアドバイスは何ら意味がない。それでも、「その場の正論」なので、妻は言い返せず、めちゃくちゃムカつく、という事態となったわけだ。

私に言わせれば、この女性脳の「致命的でない小さなリスク想定の、ストレスレス・マルチタスク・システム」は、社会システムでも導入すべきだ。コロナ禍なんて、この方式でなければ、収束しないのでは？

コロナ禍、世界で役立つ「女性脳力」

コロナ禍で、ニュージーランドやフィンランドの女性首相の対応がいいと話題になったことがあった。わが東京都も、コロナ禍を、女性知事で乗り越えようとしている。もしかすると、女性脳の持つ、本能的な底力が何か役に立っているのかもしれない。

私は「時代は準備している」と感じることがある。2000年代初頭から始まった世界の女性活躍推進の潮流で、世界には女性のトップリーダーが一気に増えた。そして今、世界が抱える大問題で、女性脳的なセンスが必要になっているように見える。

とはいえ、男性脳型の人には見えない「女性脳力」。女性リーダーのやり方に、いちいち「男性脳型の論理」で文句をつけていると、彼女は本領を発揮できない。

もちろん、逆もまた真だと思う。男性脳型のセンスは、もとより大組織には不可欠で、ここに、女性脳が細かいことを言うのもお勧めできない。

互いに、重箱の隅をつつかないで、おおらかに見守りたいものである。


（「コメントライナー」2020年8月27日）

リーダーの条件

韓流ドラマの主人公の顔

遅まきながら、大人気の韓流ドラマ「梨泰院《イテウォン》クラス」を観て、そのパワーに圧倒されてしまった。

まっすぐな信念ゆえに、社会の理不尽に逆らって、図らずも前科者になってしまった若者が、「中卒、前科者、後ろ盾なし」のハンディを跳ねのけて、外食産業を駆け上がる。その爽快感たるや、半端ない。

何がいいって、主人公に被害者意識が1ミリもないところだ。飄々《ひょうひょう》と過酷な人生を楽しんでいる。その主人公の顔を見ていて、「リーダーの条件」ということばを思い出した。

白川由紀さんという写真家がいる。彼女は、アフリカの風景に魅せられ、若き日にかの大陸を一人で放浪して回った経験がある。ある時、飲み会でご一緒する機会があり、ふと彼女が口にしたのが、そのことばだった。「黒川さん、リーダーの条件って、何だと思う?」

「戸惑う私に、彼女はこう続けた。「アフリカでは、いろんな集落に身を寄せた。どこでも歓迎され、食事会を開いてくれた。私は、集落のリーダーが会場に入ってきた時、一目でわかったの。百発百中だった」

私は、まったくわからず、彼女の回答をうながした。彼女は、「それは、周りを笑顔にする力。その人が入ってきた時、誰もが嬉しそうな顔をする」と答えた。

周囲を笑顔にする人

私は、脳を追究する研究者なので、ピンときた。ミラーニューロン(鏡の脳細胞)だ!と。

ヒトの脳には、目の前の人の表情や所作を、まるで鏡に映すように、自らの神経系に直接移しとる能力がある。ミラーニューロンと呼ばれる細胞の働きによる。誰しも、他者の満面の笑みにつられて、自分もつい笑顔になってしまった経験があるはずだ。あっち向いてほい、に負けるのも、ミラーニューロンが正しく機能している証拠。

つまり、表情や所作は伝染する。もしも、誰かに「周囲を笑顔にしてしまう力」があるのだとするのなら、とりもなおさず、その人の表情が「好奇心と意欲に満ちた、嬉し気な表情」だからだ。

さらに、表情は感情の出力だが、実は入力にもなる。人は嬉しいから笑顔になるわけだけど、つられて笑顔になった時には「嬉しい時の神経信号」が誘発され、笑顔の時と同じ気持ちになれる。

つまり、周囲を笑顔にする人は、自分の表情を周囲に伝染させ、結果、周囲の脳に「やる気と好奇心」を喚起しているのである。当然、その人のチームはいい成果を出す。それが積み重なれば、トップに上り詰めていく。

人生は表情次第

「梨泰院クラス」の主人公を演じるパク・ソジュンの顔は、まさにそのお手本だった。飄々として嬉し気。その表情が周囲に伝搬して、不可能を可能にしていく。大人になったら、表情には責任がある。部下を導き、家族を導くのは、まずは「表情」なのである。

逆もまた真なりだ。口角を下げた不機嫌な顔をした上司を持つと、部下は不幸である。「やる気のなさ」や「イライラ」あるいは「卑屈さ」を刷り込まれながら、それでも頑張らなくてはならない。同様に、そういう親のもとでは、子どもも人生がつらくなる。「がっかりしてイライラしている」表情を刷り込まれて、どうして好奇心を湧かせたり、意欲的に勉強ができたりするだろう。

周囲にやる気がないと感じたら、自らの「表情」を省みる必要がある。疲れて家に帰るのに、疲れた顔を見せてはいけないのか、って？　もちろん、そう。大人は「心のまま」を垂れ流してはいけない。けれど笑顔には笑顔が返ってくる。結果、人生は癒やしに満ちてくる。人生は表情次第、と言ってもいいかもしれない。

（「コメントライナー」２０２０年10月21日）

「リモート」に欠けているもの

リアルからリモートへ

次世代通信規格「5G」元年の今年（2020年）、くしくもコロナ禍が推進役になって、リモートワークが劇的に増えた。

この急激な変化を危惧する人は多いが、私自身はあまり心配していない。これも時代の流れ。やがて人類は、リモート・コミュニケーションに慣れていくだろう。リアルコミュニケーションに比べて劣る部分は、それを補うアプリケーションが必ず登場してくる。

しかし、やはり、過渡期の今は、少しだけ注意が必要かもしれない。

無意識の情報

リモート・コミュニケーションで、最も留意すべきは、「無意識の情報」の欠如である。

実は、潜在意識は、顕在意識の何十倍もの情報をキャッチしている。たとえば、認知学で「カクテルパーティ効果」と言われる聴覚作用がある。カクテルパーティのような（あるいは駅のコンコースのような）ザワザワとした雑踏音の中にいても、自分の名前を呼ばれれば、人は気づく。それがたとえ、周りの音量より低い音量であっても。

自分の名前、自分が乗る列車名、興味のあるワード……これらは、「ザワザワ」の中から、くっきりと浮かび上がってくるのだ。とはいえ、私たちの脳が、「ザワザワ」の音声波形を解析して、特定のワードを切り出すとは考えにくい。なぜならば、「何を聞きとろうとしているか」脳は知らないのだから。百の波の中から、自分の琴線に触れる「何か」を、いちいち予測解析して探し出すほど、脳は暇じゃない。

となると、答えは一つ。潜在意識では、顕在意識の何倍もの音声を拾っているのである。そのうちの、脳が「今、顕在化すべき」だと判断したワードだけが顕在意識に上がってくるのだ。私たちの脳は、その持ち主が自覚していることの何十倍も知っている。

リモートワークの怖さ

リモートの問題点はここにある。意図的に交わされる情報以外が、ほぼ遮断されている点だ。リアルなら、仲間の表情や所作を知らず知らずに感じている。他者が上司や顧客と話すシーンを見聞きすることができる。自分とは関係ないグループの動向も、なんとなくつかんでいたりする。この潜在意識下の情報が蓄積し、将来のとっさの行動や、「気づき」や「発想」につながったりしているのである。

リアルの情報量は思いのほか多い。このことを、人類は今一度、肝に銘じたほうがいい。特に、脳の入力期に当たる28歳までの若者を、電子空間にひとりぼっちにさせてはいけない。

他人の失敗を見聞きできないことは、若者を萎縮させる。リアルなオフィスでは、先輩が意外に失敗して、顧客に叱られたり、顧客から皮肉を言われたりしている。それでもビビらず、果敢に挑戦したり、飄々と対応したりしている先輩の背中を見て、失敗も叱られることも怖くなくなるのである。なのに、リモートでは、人は日常のちょっとした失敗を、わざわざ後輩に教えたりしない。他人の失敗を目にしないでいると若者は失敗を恐れるようになり、リカバリーのコツも覚えられない。若年層の体験の欠如。これがリモートワークの怖さだ。

理想は、会議の時だけじゃなく、作業時にもチーム全員がゆるくつながっているネットオフィス（人の気配がし、他者間の対話が「遠くのおしゃべり」のようにさりげなく耳に入るような演出にしてもいいかも）。せめて、顧客とやり取りする先輩のメールを、後輩が眺められるシステムにしてあげてほしい。やがて、リモートワークに寄り添うＡＩが、先輩の体験を呑み込んで、後輩を指導してくれるその日まで。

（「コメントライナー」２０２０年12月9日）

リアルでも「いいね」ボタンを

男女で違う「提案」への返し

男女では、「提案」に対するセンスが違う。最近、つくづくそう思う。

たとえば、「○○食べない?」という女性の提案を受け入れられないとき、男性の多くが、その提案に反論してくる。「○○は、□□だからダメ」というように。

妻「カルボナーラ食べない?」

夫「重いなあ、最近疲れてるんだよ、勘弁してくれ」

これは実際に、わが家で交わされた会話である。気心の知れた女友達だったら、絶対こんなことはしない。「カルボナーラ? いいわね、まったりしてて……ああ、でも今は、そばの気分かな。美味しい鳥おろしそばの店があるの。あなたに食べさせたくて」なんて返してくれるはず。

女性には「おもてなし返し」

提案に反論を真正面から打ち返さない。これは、何万年も女同士の連携で子育てをしてきた女性脳の基本機能だ。「カルボナーラは嫌いなの、ごめん」はあり。個人の感想だから、相手を否定していない。「カルボナーラは、ダメな提案」という、まるで客観的な裁定を下すかのような、男性たちの言いぶりが問題なのだ。

おそらく、男性にとって提案とは、自分の考えを相手に提示し、相手が与《くみ》するかどうかを測るものなのだろう。反論するならよほどの理由がなきゃと思い込み、客観性のある反論をしたがる。

一方、女性にとって提案とは、「おもてなし」なのである。相手に、「こんなアイデアがあるの。あなたに喜んでほしい」というアピールなのだ。だから、「いいね」で受けて、「おもてなし返し」をするのが礼儀なのである。

というわけで、女性と食事の話をするのに「ノーアイデア」ではいけない。デートに誘うのに「何食べたい？」なんて言語道断。「きみに食べさせたい○○がある」「連れて行きたい○○がある」と言わなきゃ。在宅夫婦もご用心。毎日「お昼はどうする?」なんて聞いていると、夫婦の間がぎくしゃくしてくる。ときには、「そばにする? お湯沸かそうか」「冷凍ピザ、焼く?」「散歩がてら、弁当買ってこようか」と提案から入ろう。

部下の提案、まず褒める

そして、部下から上がってくる提案も、まずは「いいね」で受けること。男性は、「いいね」は成果に言うものだと思い込んでいるけど、プロセスにあげてもいいのである。提案そのものはダメでも、「いいところに気づいたね」「やる気あるね」「発想が豊かだね」など、褒めることが必ずあるはず。部下の提案は、必ず「いいね」で受けると腹を決めたらいい。

そうすれば、脳が、部下の提案の中から、何かいいところを見つけるモードに入る。「あの人は仕事には厳しいけれど、気持ちをわかってくれる人」と言われることになる。

これは、男性の部下にも効く。いきなりの否定に心が折れる男子も増えている。理由は、おそらくインターネット交流サイト（SNS）の「いいね」ボタン。「いいね」で、コミュニケーションを柔らかくする癖がついているのではないだろうか。そう、その「いいね」ボタンをリアルでも押そう！　家族や部下に、提案や嬉しかったことを告げられたら、「いいね」「よかったね」である。たとえ、反論する必要があっても、その後に。

（「コメントライナー」2021年2月10日）

デキる男のレベル3

コミュニケーションの成熟度

コミュニケーションの成熟度は3段階ある。

自分の気持ちを垂れ流す「子どもレベル」、自分の事情（事実）を言い募る「まだ青いレベル」、相手の事情をおもんぱかり、気持ちを慰撫する「大人レベル」である。

たとえば、妻や母親から何か小言を言われて、「うるさいなぁ」「ムカつく」「……」は子どもレベル、「言われなくても、わかってる」「○○だから仕方ない」「後でやろうと思ってたのに」は青いレベル、「心配かけてごめん」「嫌な思いをさせたね」「気がつかなくて悪かった」が言えて初めて大人レベル＝レベル3である。

別の例を挙げれば、遅刻して駆け付けたとき、「忙しくて、たいへんだった」はレベル1、「出がけに仕事の電話が入っちゃって」はレベル2、「寒かったでしょう」「心細かったよね」がレベル3。

あなたは、大切な人と、どのレベルで会話していますか？

韓流ドラマにはまる理由

最近、私は韓流ドラマに再びはまっている。「冬のソナタ」以来だから十数年ぶりである。はまっている理由は、登場人物の会話が、レベル3の宝庫だからだ。韓流ドラマのイケメンは、レベル3しか口にしないのである。

あるドラマでは、女性が勝手に誤解して、傷ついて、男性を恨んでいた。それが発覚した時、男性は、「きみにそんな思いをさせていたなんて」と涙ぐんで悲しがるのである。日本のドラマなら、「きみの誤解だよ」と巻き返すシーンだ。

韓流イケメンたちは、大切な女性たちに、心を潔く丸ごと与えて、しかし、事実は一歩も引かない。母親に「彼女と別れて」と言われたときも、「母さんをこんなに悲しませるなんて」と絶句して涙を流すが、彼女と別れる気は毛頭ない。心と事実の通信線があって、事実が譲れないとき、せめて心をまるっとあげる、というコミュニケーションを取るのである。

「ひどい」に「悲しい」が返されたら、それ以上の追い打ちをかけられる女はそうはいない。いい女なら、「いいの。あなたもたいへんだったもの」と返してくれる。

「ひどい」に、「仕方ないだろう」「悪いのはそっち」が返ってくるから、泥沼にはまるのである。韓流ドラマでは、弱い立場の者はレベル1を使って感情を豊かに発露するが、親やいい上司、イケメンはレベル3を使う。

国際関係、会社、家庭では

朝鮮半島が、中世は中国の支配下にあり、日本からもたびたび圧力を受けながらも、その独自の言語と文化を守り抜いてきた底力を、私はこのコミュニケーション力の高さに感じる。

もしかすると、日韓関係がつまずき、悪化した原因には、コミュニケーションレベルの問題も含まれているのではないだろうか。慰安婦問題にしても、「韓国側の誤解。

戦後処理も完了している」という日本側から見た事実は事実として、いったんは心をあげる必要があるのかもしれない。「そこに誤解があるとしても、日本という名のもとで悲しい思いをした方がいて、その方の一生を重いものにしてしまったことは本当に悲しい」と、誰かが涙を流さないと収まらないのではないだろうか。

そんなこと、国際関係では難しい？　でも、会社や家庭の中なら、何とかできるのではないだろうか。

レベル3を始めよう。

（「コメントライナー」２０２１年４月７日）

「社員一人一人を大切に」は危ない？

提案は「いいね」で受ける

私は、「人の上に立つ者は、提案は、必ず〝いいね〟で受けよ」と提案している。いきなり問題点を指摘したりせずに、「いい着眼点だね」とか「たしかに合理的でいい」とか、提案してくれた気持ちを〝祝福〟してから、それをしなさい、と。

「NOと言えない日本人」なんてことばが昔流行《はや》ったけど、日本人は、部下や家族に「それは〇〇だからダメ」をすぐに言う。イタリア人は、人の提案を「Bene（いいね）」で受けるし、英語のお国の人たちだって、「たしかにいい考えだが」と言ってから、相手を否定するのに。気持ちは「いいね」で受けて、事実のほうはクールに処理する（否定するならきっぱり否定する）のが、世界の主流である。

「いきなり否定」は信頼の証し

でもね、実のところ、いきなり問題指摘に入るスタイルを、私は嫌いじゃない。

若き日の私の提案に対し、上司は「いい考えだね」なんてぬるいことは言わなかった。

「お前、この資材調達どうするんだ」

「考えてませんでした」

「ばかだな。七夕の短冊じゃないんだぞ。夢を書いてどうする」

「はーい」

みたいなやり取りが、日常茶飯事だった。

技術者同士だと、この率直さは信頼の証しでもある。私たちが気にしているのは「自分への評価」なんかじゃなく「成果物の品質」なので、ダメ出しされたら「早めに気が付けてよかった」と思いこそすれ、「自分の努力が無にされた」なんて微塵《みじん》も思わなかった。

私が経験してきたような、「いきなり欠点を指摘されても、気にならない」「怒鳴られたって、期待を感じて、むしろ嬉しい」、そういう上司部下の信頼関係は、今や風前の灯である。

その昔、企業人は歯車の一つだった。成果を生み出す働きアリだったのだ。

今、企業の主人公は「社員一人一人」である。「素敵な自分」になるためにキャリアデザインをする。私は、そのことが、かえって若い人に気の毒だと思っている。「素敵な自分」が脳の目標だと、「自分」が失敗して叱られたとき、脳が目標を見失い、絶望してしまう。「組織の成果」が目標だと、「自分」が叱られたことくらい、ちっぽけなことなのに。

「高い目標」が若い人をタフにする

私がタフだったのは、「お前がどうかなんて関係ない。人工知能の夜明けを見るためには、歩みを止められない。とにかく歯車を回せ」という社会の風潮のおかげだった。問題点をいきなり指摘し合える人間関係は、私にとっては、古き良き現場コミュニケーション。叱ってくれた上司が今も懐かしい。

しかし、時代と共に、その感覚はなくなろうとしている。「共感（いいね）（わかるよ）」というショックアブソーバー（衝撃吸収装置）なしでは、職場の会話をしてはいけない時代なのである。ヘルメットなしではバイクに乗れず、シートベルトなしでは車に乗れないように。

とはいえ、若い人をタフにしてあげるために、「組織の成果」に集中する目線も養ってあげたい気がする。目標のために、自分を減するのもまた楽し。そんな感覚を。そのためには、高い目標が要る。みんなが目指せる大プロジェクトが、今こそ必要なのかもしれない。

（「コメントライナー」２０２１年８月４日）

【著者紹介】
黒川 伊保子（くろかわ・いほこ）

㈱感性リサーチ 代表取締役社長／人工知能研究者

1959年、長野県生まれ。奈良女子大学理学部物理学科卒業。富士通ソーシアルサイエンスラボラトリ（現富士通）で14年間にわたり人工知能（AI）開発に従事。その後、コンサルタント会社などを経て、㈱感性リサーチを創業。独自の語感分析法を開発し、これを応用したネーミングで新境地を開いた。AIと人間との対話を研究する過程で、男女の脳では「とっさに使う神経回路」の初期設定が異なることを究明。これらの知見を活かした著作も多く、ベストセラー『妻のトリセツ』をはじめとするトリセツシリーズが人気を博している。ほかに『成熟脳』『ヒトは7年で脱皮する』『共感障害』など。

職場《しょくば》のトリセツ

2021年12月10日　初版発行
2023年 8 月10日　5刷発行

著　者：黒川 伊保子
発行者：花野井 道郎
発行所：株式会社時事通信出版局
発　売：株式会社時事通信社
〒104-8178　東京都中央区銀座5-15-8
電話03(5565)2155　https://bookpub.jiji.com

編集：剣持 耕士
印刷／製本：中央精版印刷株式会社

ISBN978-4-7887-1793-0　C0034　Printed in Japan